bell hooks

Kritisch denken lernen

UNRAST

bell hooks, am 25. September 1952 als Gloria Watkins in Hopkinsville, Kentucky geboren und Ende 2021 verstorben, war eine afroamerikanische Literaturwissenschaftlerin, Autorin und Aktivistin. Schon als junge Studentin schloss sie sich der feministischen Bewegung an und machte sich 1981 gleich mit ihrem ersten Buch *Ain't I a Woman?* einen Namen weit über wissenschaftliche Kreise hinaus. In den nachfolgenden Jahrzehnten hat sie zahlreiche Werke veröffentlicht, in denen sie sich mit Rassismus, Sexismus und Klassismus beschäftigt, und ist dafür mehrfach ausgezeichnet worden.

bell hooks

Kritisch denken lernen

Antworten aus der Praxis

Aus dem amerikanischen Englisch
von Helene Albers

UNRAST

Bibliografische Information der Deutschen Bibliothek
Die Deutsche Bibliothek verzeichnet diese Publikation in der Deutschen Nationalbibliografie; detaillierte bibliografische Daten sind im Internet über https://dnb.de abrufbar.

bell hooks: Kritisch denken lernen
1. Auflage, Oktober 2024
ISBN 978-3-89771-399-4

www.unrast-verlag.de | kontakt@unrast-verlag.de
Mitglied in der assoziation Linker Verlage (aLiVe)

Titel der Originalausgabe
Teaching Critical Thinking. Practical Wisdom, New York 2010

Autorisierte Übersetzung der englischsprachigen Ausgabe, herausgegeben von Routledge, einem Mitglied der Taylor & Francis Group LLC

Umschlag: Unrast Verlag, Münster
Satz: Unrast Verlag, Münster
Druck: Multiprint, Kostinbrod

Inhalt

»Die menschliche Existenz ist durch das Stellen von Fragen entstanden, und deshalb ist sie der Ursprung des Wandels in der Welt. Es gibt ein radikales Element der Existenz, und dies ist der radikale Akt des Fragens. (...) Im Kern hat die menschliche Existenz mit Überraschung, Infragestellung und Risiko zu tun. Und deswegen auch mit Handeln und Veränderung.«

Paulo Freire

(Learning to Question. A Pedagogy of Liberation, Geneva, NY, 1989)

Vorbemerkung des Verlags zum Sprachgebrauch:

Sprache als Kulturgut unterliegt beständigem Wandel, ebenso wie fortschreitende sozialwissenschaftliche Diskurse, in denen Standpunkte auch über sich verändernde Sprache vertreten werden. Dies ist in einer modernen Übersetzung eines 2009 geschriebenen Textes nicht immer unproblematisch und soll deshalb an dieser Stelle kurz erklärt werden.

In diesem Buch benutzen wir

- gendersensible Sprache, die mit dem eingefügten Doppelpunkt möglichst barrierearm alle biologischen und sozialen Geschlechter ansprechen soll. Begriffe, die im Kontext der 1990er- bis 2000er-Jahre ausschließlich cis Frauen (und Lesben) bezeichnen, werden hier im generischen Femininum belassen und nicht gegendert.
- ›Schwarz‹ als identitätsstiftenden und selbstgewählten Begriff von Menschen und Communitys in Großschreibweise, weil er nicht als adjektivische Zuschreibung zu verstehen ist – und schon gar nicht als Farbe.
- den englischen Begriff *race* unübersetzt. Im Gegensatz zum deutschen Wort ›Rasse‹, das biologistisch und auch historisch äußerst problematisch konnotiert ist, wird *Race* heute auch im deutschen Sprachraum zunehmend als emanzipatorischer Begriff verwendet.

Einleitung

Meine Schullaufbahn begann ich in den fünfziger Jahren in den segregierten Schwarzen Schulen von Kentucky. Ich hatte das Glück, von afroamerikanischen Menschen unterrichtet zu werden, denen es ein echtes Anliegen war, dass ich, wie alle anderen auch, eine ›gute Schulbildung‹ erhielt. Unter einer ›guten Schulbildung‹ verstanden sie nicht nur Wissensvermittlung und Berufsvorbereitung, sondern auch, dass wir zu kontinuierlichem Engagement für soziale Gerechtigkeit, insbesondere für den Kampf gegen Rassismus ermutigt wurden. Dabei waren sie der festen Überzeugung, dass eine Lehrperson immer auch menschlich sein muss. Für mich verkörperten sie sowohl einen überlegenen Intellekt als auch moralische Integrität und prägten so meine Vorstellung von der Schule als einem Ort, an dem die Sehnsucht nach Wissen gestillt werden und wachsen kann. Die Lehrenden[1] in unseren segregierten Schulen erwarteten von uns, dass wir das College besuchen. Denn sie waren vom Geist eines W.E.B. Du Bois durchdrungen, der 1933 in einer Schrift über höhere Bildung für Schwarze schrieb:

---

1 Anm. d. Ü.: In diesem Buch schreibt bell hooks über das Lehren an Schulen, Colleges und Universitäten. Für ihre pädagogischen Reflexionen nimmt sie ihre eigenen Erfahrungen als Schülerin, als Studentin und als Lehrerin bzw. Dozentin am College und an der Universität als Ausgangspunkt. Im englischen Original ist von »students«, »classroom«, »teacher«, »professor« usw. die Rede, ohne dass immer klar zwischen Schulen, Colleges und Universitäten unterschieden wird. Da ihre pädagogischen Konzepte sowohl für die Schule als auch für die Hochschulbildung relevant sind, wird im Folgenden oft allgemein von Lehrenden und Lernenden gesprochen und nur da von Schüler:innen, Studierenden, Lehrer:innen und Professor:innen bzw. Dozent:innen, wo sie ausdrücklich differenziert.

> »Wir halten die mögliche Zukunft in unseren Händen, aber nicht durch Wunsch und Willen, sondern nur durch Denken, Planen, Wissen und Organisation. Wenn das College dem kommenden Zeitalter amerikanische Schwarze bescheren kann, die sich selbst und ihre Notlage kennen und wissen, wie sie sich schützen und rassistische Vorurteile bekämpfen können, dann wird die Welt unserer Träume kommen – und nur dann.«

Entsprechend wurde uns beigebracht, dass Bildung der sicherste Weg zur Freiheit ist. Die Lehrpersonen waren dazu da, uns anzuleiten und uns den Weg in die Freiheit zu zeigen.

Als ich aufs College kam, war ich wirklich erstaunt, dort Lehrende vorzufinden, die ihr Hauptvergnügen im Unterricht darin zu finden schienen, ihre autoritäre Macht über die Studierenden auszuüben, uns zu entmutigen und uns geistig wie körperlich nicht als Menschen zu behandeln. Ich hatte mich für die Stanford University und damit für ein überwiegend weißes College entschieden, vor allem, weil die finanziellen Hilfen dort besser waren als an Schwarzen Hochschulen, aber ich hatte nie darüber nachgedacht, wie es sein würde, von rassistischen Lehrkräften unterrichtet zu werden. Auch wenn ich bereits eine Highschool mit offen rassistischen Lehrer:innen besucht hatte, die uns verachteten und unfreundlich waren, so hatte ich doch eine romantisch verklärte Vorstellung vom College. Ich glaubte, es wäre ein Paradies des Lernens, wo wir alle so sehr mit Studieren beschäftigt wären, dass wir keine Zeit für die belanglosen Dinge dieser Welt hätten, insbesondere nicht für Rassismus.

Wir brauchen mehr autobiografische Zeugnisse über die erste Generation Schwarzer, die überwiegend weiße Schulen, Colleges und Universitäten besuchten. Denn stellt euch vor, wie es ist, von einer Lehrperson unterrichtet zu werden, die glaubt, dass ihr keine vollwertigen Menschen seid. Stellt euch vor, wie es ist, von Leuten unterrichtet zu werden, die sich für überlegen halten, nur weil sie weiß sind und die der Meinung sind, dass sie sich nicht selbst erniedrigen sollten, indem sie Personen unterrichten, von denen sie wirklich glauben, dass sie unfähig seien zu lernen.

Normalerweise wussten wir, welche weißen Professor:innen uns offen hassten, und wir blieben ihren Kursen fern, es sei denn, es war unbedingt erforderlich. Da die meisten von uns im Zuge des starken antirassistischen Bürgerrechtskampfes an die Universitäten kamen, wussten wir, dass wir dort Verbündete im Kampf finden würden, und das taten wir auch. Im Übrigen war es doch etwas überraschend, dass der unverhohlene Sexismus meiner männlichen Dozenten im Grundstudium noch schlimmer war als ihr unterschwelliger Rassismus.

In diesem seltsamen neuen Klima des sozialen Umbruchs zur Schule und anschließend aufs College zu gehen, war sowohl aufregend als auch beängstigend. Damals feierten fast alle den Beginn eines neuen Zeitalters der Gleichheit und der demokratischen Bildung, aber in Wirklichkeit sind die alten Hierarchien von Race, Klasse und Gender intakt geblieben. Und neu entwickelte Rituale sorgten dafür, dass sie nicht angetastet wurden. Der Versuch, diese beiden Welten zu vereinbaren – die eine, in der wir wie alle anderen lernen und studieren konnten, und die andere, in der uns ständig vor Augen geführt wurde, dass wir nicht wie alle anderen waren –, machte mich ein wenig schizophren. Ich wollte lernen und hatte Spaß daran, aber ich fürchtete mich vor den meisten meiner Lehrenden.

Ich habe studiert, um Lehrerin zu werden. Doch ich hatte gar keine Lust zu unterrichten. Ich wollte Schriftstellerin werden. Ich lernte bald, dass schlecht bezahlte Jobs mit langen Arbeitszeiten mich nicht zu einer Schriftstellerin machten, und ich akzeptierte, dass Unterrichten der beste Beruf war, den eine Autorin ausüben konnte. Als ich mein Studium beendete, hatte ich schon alle Arten von Lehrenden kennengelernt. Auch wenn progressive Lehrpersonen, die für die Praxis der Freiheit ausbildeten, die Ausnahme waren, inspirierte mich ihre Anwesenheit. Ich wusste, dass ich ihrem Beispiel folgen und eine Lehrerin werden wollte, die junge Menschen dazu anregt, selbstbestimmt zu lernen. Und genau diese Art Lehrerin wurde ich, beeinflusst von den progressiven Frauen und Männern (Schwarze und weiße), die mir von der Grundschule bis zum College immer wieder die Macht des Wissens vor Augen geführt hatten. Diese Lehrenden haben mir gezeigt, dass wir uns bewusst dafür entscheiden können, für die Praxis der Freiheit zu unterrichten.

Indem ich die Persönlichkeitsentwicklung und Selbstentfaltung der Lernenden förderte, lernte ich bald, das Unterrichten zu lieben. Ich liebte die Studierenden. Ich liebte den Unterricht. Doch ich fand es auch zutiefst beunruhigend, dass der Machtmissbrauch, den ich während meiner Ausbildung erlebt hatte, häufig noch an der Tagesordnung war, und ich wollte darüber schreiben. Als ich meinem langjährigen Lektor bei Routledge, Bill Germano, zum ersten Mal erzählte, dass ich ein Buch mit Aufsätzen über das Unterrichten schreiben wollte, äußerte er Bedenken. Er sagte damals, dass es vielleicht kein Publikum für ein solches Buch gäbe, und wies mich darauf hin, dass ich keine Professorin für Pädagogik sei; vielmehr hätten sich meine bisherigen Veröffentlichungen auf feministische Theorie und Kulturkritik konzentriert. Ich erklärte dass ich in diesem neuen Buch die Verbindungen zwischen engagierter Pädagogik und Fragen von Race, Gender und Klasse untersuchen sowie den Einfluss der Arbeit von Paulo Freire auf mein Denken erklären wollte. Als er mir zuhörte, was er eigentlich immer tat, war Germano überzeugt. Und *Teaching to Transgress. Education as the Practice of Freedom* wurde 1994 mit großem Erfolg veröffentlicht.[2]

Zehn Jahre später veröffentlichte ich *Teaching Community. A Pedagogy of Hope*,[3] gewissermaßen die Fortsetzung von *Teaching to Transgress*, die sich mit weiterführenden Fragen der engagierten Pädagogik beschäftigte. Im Vorwort mit dem Titel »Hoffnung lehren und leben« spreche ich über die Tatsache, dass das erste Buch über das Lehren ein erstaunlich breites Publikum erreichte und dass es mir die Möglichkeit gab, mit Lehrenden und Studierenden in eine Diskussion über Bildung einzutreten. Ich habe dort folgendes ausgeführt:

> »In den vergangenen zehn Jahren habe ich mehr Zeit damit verbracht, Professor:innen und Studierenden etwas über das Unterrichten beizubringen, als in den regulären Lehrveranstaltungen des Fachbereichs Englisch, der Feminist Studies oder der African American Studies. Es war nicht nur die große Resonanz auf mein Buch *Die Welt verändern lernen*, die mir diese neuen Räume für den Diskurs eröffnete. Hinzu kam etwas anderes: Als ich in die Öffentlichkeit trat, um als Dozentin zu arbeiten, war ich von Anfang an bestrebt, Leidenschaft, Kompetenz und Würde in die Kunst des Unterrichtens einzubringen. Daher war meinem Publikum klar, dass

---

2 Dt.: *Die Welt verändern lernen. Bildung als Praxis der Freiheit*, übersetzt von Helene Albers, Münster: Unrast Verlag 2023.

3 Dt.: *Gemeinschaft leben lernen. Bildung als Praxis der Hoffnung*, übersetzt von Helene Albers, Münster: Unrast Verlag 2024.

> ich das praktizierte, was ich predigte. Diese Verbindung von Theorie und Praxis war ein lebendiges Beispiel für alle Lehrpersonen, die auf der Suche nach praxisorientierter Erkenntnis sind.«

In den mehr als zwanzig Jahren, die seither vergangen sind, wurde ich immer wieder gebeten, auch solche Themen anzusprechen, die in den ersten beiden pädagogischen Büchern nicht ausdrücklich behandelt wurden. Ich wurde auch von einzelnen Lehrpersonen gebeten, Fragen zu beantworten, die ihnen als besonders dringlich erschienen.

In diesem hier vorliegenden letzten Buch meiner pädagogischen Trilogie, *Kritisch Denken lernen. Antworten aus der Praxis*,[4] bin ich nicht dem Muster der beiden vorangegangenen Bücher gefolgt und habe keine Sammlung von Aufsätzen verfasst. Stattdessen habe ich in diesem Buch Themen und Anliegen aufgegriffen, die von Lehrenden und Lernenden direkt an mich herangetragen wurden, und auf jede Frage mit einem kurzen Kommentar geantwortet. Die zweiunddreißig ›Antworten‹ behandeln eine breite Palette von Themen, einige einfach, andere komplex. Immer werden dabei Fragen von Race, Gender und Klasse aus verschiedenen Blickwinkeln behandelt. Ich habe mich sehr gefreut, diese kurzen Kommentare zu schreiben, denn es gibt so viele lohnende Themen rund um die Lehre, die es wert sind, betrachtet zu werden, auch wenn sie nicht unbedingt einen längeren Aufsatz erfordern. Eine Schwarze Professorin wollte, dass ich mich mit der Frage beschäftige, wie sie ihre Autorität im Unterricht aufrechterhalten kann, ohne durch die Linse rassistischer, sexistischer Stereotypen als »wütende Schwarze Frau« betrachtet zu werden. Eine Lehrperson wünschte sich, dass ich etwas über Tränen im Unterricht sage, während eine andere mich bat, etwas über Humor in der Lehre zu sagen. Eine sehr spezielle und provokative Frage war die, ob wir von Wissenschaftler:innen und Schriftsteller:innen lernen können, die rassistisch und sexistisch sind. Die Macht der Erzählung, die wichtige Rolle des Gesprächs im Lernprozess und der Stellenwert der Fantasie im Unterricht sind nur einige weitere Themen, die in dieser Textsammlung behandelt werden.

---

4 Engl.: bell hooks: *Teaching Critical Thinking. Practical Wisdom*, New York: Routledge 2010.

Alle in diesem Buch behandelten Themen sind aus meinen Gesprächen mit Lehrenden und Lernenden hervorgegangen. Auch wenn sie nicht durch eine gemeinsame Leitidee oder Fragestellung verbunden sind, entspringen die Themen doch alle unserem gemeinsamen Wunsch, zu verstehen, wie wir den Unterricht zu einem Ort leidenschaftlichen Engagements und intensiven Lernens machen können.

1
Kritisches Denken

Auf dem Umschlag meiner Memoiren *Bone Black*[5] ist ein Schnappschuss von mir zu sehen, als ich drei oder vier Jahre alt war. Darauf halte ich ein Spielzeug aus der Ferienbibelschule in der Hand, ein Buch in Form einer Taube. Ich scherze oft, dass man dieses Bild als »Porträt einer Intellektuellen als junges Mädchen« bezeichnen könnte – meine Version von »Der Denker«.[6] Das Mädchen auf dem Schnappschuss blickt intensiv auf das Objekt in ihren Händen; ihre Augenbrauen zeigen höchste Konzentration. Wenn ich dieses Bild betrachte, kann ich sie denken sehen. Ich kann ihren Geist arbeiten sehen.

Denken ist eine Handlung. Für alle, die Intellektuelle sein wollen, sind die Gedanken das Labor, in dem sich Fragen stellen und Antworten finden lassen und der Ort, an dem die Visionen von Theorie und Praxis zusammenkommen. Der Hauptantrieb des kritischen Denkens ist die Sehnsucht nach Wissen – um zu verstehen, wie das Leben funktioniert. Kinder besitzen eine natürliche Neigung zum kritischen Denken. Über die Grenzen von Race, Klasse, Geschlecht und Lebensumstände hinweg kommen Kinder in eine Welt voller Wunder und einer ganz eigenen Welt der Sprache, erfüllt von dem Wunsch nach Wissen. Manchmal sind

5 bell hooks: *Bone Black. Erinnerungen an eine Kindheit*, übersetzt von Marion Kraft, München: Elisabeth Sandmann Verlag 2024.

6 hooks bezieht sich hier ironisch auf den autobiografisch geprägten Bildungsroman *A Portrait of the Artist as a Young Man* des irischen Schriftstellers James Joyce über das Leben eines jungen Künstlers von der Kindheit bis zur Studienzeit – und auf die Plastik *Der Denker* des Bildhauers Auguste Rodin, die zwischen 1880 und 1882 entstand.

sie so begierig nach Wissen, dass sie zu unerbittlich Fragenden werden – sie wollen wissen, wer, was, wann, wo und warum das Leben ist. Auf ihrer Suche nach Antworten lernen sie fast instinktiv, wie man denkt.

Leider endet die Leidenschaft der Kinder für das Denken oft, wenn sie auf eine Welt treffen, die sie nur zu Konformität und Gehorsam erziehen will. Den meisten Kindern wird schon früh beigebracht, dass Denken gefährlich ist. Traurigerweise hören sie auf, den Prozess des Denkens zu genießen und beginnen, den denkenden Verstand zu fürchten. Ob in Elternhäusern, in denen sie durch eine Mischung aus Disziplinierung und Bestrafung lernen, dass es besser ist, Gehorsam über Selbsterkenntnis und Selbstbestimmung zu stellen, oder in Schulen, in denen unabhängiges Denken kein akzeptables Verhalten ist, die meisten Kinder in unserem Land lernen, die Erinnerung an das Denken als eine leidenschaftliche, vergnügliche Tätigkeit zu verdrängen.

Wenn sie dann als Studierende in die Hochschulen kommen, haben die meisten von ihnen bereits verinnerlicht, sich vor dem Denken fürchten. Diejenigen, die keine Angst vor dem Denken haben, kommen oft mit der Annahme in die Lehrveranstaltungen, dass Denken nicht notwendig sein wird, dass alles, was sie tun müssen, darin besteht, Informationen zu konsumieren und sie in den richtigen Momenten wiederzukäuen. In der traditionellen Hochschulbildung finden sich die Studierenden in einer Welt wieder, in der unabhängiges Denken nicht gefördert wird. Zum Glück gibt es immer einige Lehrveranstaltungen, in denen einzelne Lehrende sich bemühen, Bildung als Praxis der Freiheit zu vermitteln. In solch einem Umfeld geht es um das Denken, und vor allem kritisches Denken ist das, worauf es dort ankommt.

Studierende werden nicht über Nacht zu kritisch denkenden Menschen. Zunächst müssen sie lernen, Freude am Denken zu entwickeln und die Kraft des Denkens zu schätzen. Engagierte Pädagogik ist eine Lehrstrategie, die darauf abzielt, in den Lernenden den Willen zum Denken und zur Selbstentfaltung wiederzubeleben. Insbesondere um die Befähigung zum kritischen Denken geht es der engagierten Pädagogik. In seinem Aufsatz »Critical Thinking. Why is it so difficult to teach?« sagt Daniel Willingham, dass kritisches Denken darin besteht, »beide Seiten einer Sache zu sehen, offen für neue Erkenntnisse zu sein, die alte Ideen widerlegen, nüchtern zu argumentieren, zu verlangen, dass Behauptungen durch Belege gestützt werden, Schlussfolgerungen aus verfügbaren Informationen zu ziehen, Probleme zu lösen usw.«

Einfacher ausgedrückt bedeutet kritisches Denken, zunächst das Wer, Was, Wann, Wo und Wie der Dinge herauszufinden – die Antworten auf die ewigen Fragen des wissbegierigen Kindes zu finden – und dann dieses Wissen so zu nutzen, dass man entscheiden kann, was am wichtigsten ist. Der Pädagoge Dennis Rader, Autor des Buches *Teaching Redefined*, hält die Fähigkeit, zu bestimmen, ›was wichtig ist‹, für einen zentralen Bestandteil des kritischen Denkens. In ihrem Buch *The Miniature Guide to Critical Thinking. Concepts and Tools* definieren Richard Paul und Linda Elder kritisches Denken als »die Kunst, das Denken zu analysieren und zu evaluieren, um es zu verbessern«. Weiter definieren sie kritisches Denken als »selbstgesteuert, selbstdiszipliniert, selbstkontrollierend und selbstkorrigierend«. Das Nachdenken über das Denken oder das gründliche Reflektieren über Ideen sind weitere notwendige Bestandteile des kritischen Denkens. Paul und Elder erinnern uns daran:

> »Kritisch denkende Menschen sind sich über den Sinn und Zweck der Frage, um die es geht, im Klaren. Sie hinterfragen Informationen, Schlussfolgerungen und Standpunkte. Sie bemühen sich, klar und präzise zu sein und relevante Themen zu adressieren. Sie versuchen, den Dingen auf den Grund zu gehen, logisch und fair zu sein. All diese Fähigkeiten wenden sie auf ihr Lesen und Schreiben an, ebenso wie auf ihr Sprechen und Zuhören.«

Kritisches Denken ist ein interaktiver Prozess, der die Beteiligung von Lehrenden und Lernenden gleichermaßen erfordert. Alle Definitionen beinhalten die Einsicht, dass kritisches Denken Urteilsvermögen erfordert. Es ist eine Art der Annäherung an Ideen, die darauf abzielt, den Kern, die zugrundeliegenden Wahrheiten zu verstehen, und nicht nur die oberflächliche Wahrheit, die vielleicht am offensichtlichsten ist. Einer der Gründe, warum die Dekonstruktion in Wissenschaftskreisen so populär wurde, ist, dass sie die Menschen dazu aufforderte, lange, intensiv und kritisch zu denken, die Dinge zu entschlüsseln, ihnen auf den Grund zu gehen und nach Erkenntnis zu streben. Zwar finden viele kritisch Denkende in dieser Arbeit intellektuelle oder akademische Erfüllung, doch bedeutet das noch lange nicht, dass auch alle Studierenden das Erlernen kritischen Denkens uneingeschränkt zu schätzen wissen.

Tatsächlich sträuben sich die meisten Studierenden gegen den Prozess des kritischen Denkens; sie fühlen sich wohler, wenn sie beim Lernen passiv bleiben können. Kritisches Denken erfordert, dass alle am Lernprozess Beteiligten sich engagiert in den Unterricht einbringen. Wenn Studierende sich dem verweigern, fühlen sich Lehrende, die unermüdlich daran arbeiten, kritisches Denken zu fördern, oft entmutigt. Erlernen Studierende jedoch die Fähigkeit des kritischen Denkens, was in der Regel leider nur wenigen gelingt, ist das eine wirklich lohnende Erfahrung für beide Seiten. Mit der Erziehung zu kritischem Denken verbinde ich die Hoffnung, dass ich meinen Studierenden durch mein Beispiel die Freude an der Arbeit mit Ideen, am Denken als aktiver Tätigkeit vermitteln kann.

Unvoreingenommenheit ist eine wesentliche Voraussetzung für kritisches Denken. Ich spreche oft von radikaler Offenheit, weil mir nach Jahren im akademischen Umfeld klar wurde, dass es allzu leicht ist, am eigenen Standpunkt festzuhalten, ihn zu verteidigen und andere Perspektiven auszuschließen. So vieles in der akademischen Ausbildung bestärkt Lehrende in dem Glauben, dass sie immer ›Recht haben‹ müssen. Ich schlage stattdessen vor, dass wir als Lehrende immer offen sein müssen, und bereit dazu, uns einzugestehen, wenn wir etwas nicht wissen. Das radikale Bekenntnis zur Offenheit ist es, was die Integrität des Prozesses des kritischen Denkens und seine zentrale Rolle in der Bildung gewährleistet. Dieses Engagement erfordert viel Mut und Vorstellungskraft. In ihrem Buch *From Critical Thinking to Argument* betonen die Autoren Sylvan Barnet und Hugo Bedau: »Kritisches Denken verlangt von uns, dass wir unsere Vorstellungskraft nutzen, die Dinge aus anderen Perspektiven sehen und uns die wahrscheinlichen Konsequenzen unserer Position vorstellen.« Kritisches Denken stellt daher nicht nur Anforderungen an die Lernenden, sondern auch an die Lehrenden. Sie müssen durch ihr Beispiel zeigen, dass Lernen in der Praxis bedeutet, dass nicht alle von uns immer Recht haben können und dass sich die Form des Wissens ständig ändert.

Der aufregendste Aspekt des kritischen Denkens im Unterricht ist, dass es von allen Initiative verlangt und alle aktiv dazu auffordert, leidenschaftlich zu denken und ihre Ideen leidenschaftlich und offen zu teilen. Wenn alle im Unterricht, Lehrende wie Lernende, erkennen, dass sie gemeinsam dafür verantwortlich sind, eine Lerngemeinschaft zu schaffen, dann erst wird Lernen wirklich relevant und nutzbringend. In einer solchen Lerngemeinschaft gibt es kein Scheitern. Alle beteiligen sich und teilen die Ressourcen, die zu einem bestimmten Zeitpunkt jeweils benötigt werden. So ist sichergestellt, dass wir den Unterricht mit dem Wissen verlassen, dass kritisches Denken uns empowert.

2
Demokratische Bildung

Als ich in den fünfziger Jahren aufwuchs, zu einer Zeit, als die Schulen noch rassistisch segregiert waren, doch im Stillen die Saat des Bürgerrechtskampfes bereits aufgegangen war, wurde allenthalben über die Bedeutung und den Wert der Demokratie gesprochen. Es war sowohl ein öffentlicher Diskurs als auch ein privates Gesprächsthema. Schwarze Männer wie mein Vater, die in der Schwarzen Infanterie im Zweiten Weltkrieg gekämpft hatten, kamen nach Hause, desillusioniert von einem Land, das sie zum Kämpfen und Sterben geschickt hatte, um »die Demokratie auf der Welt zu schützen«, ihnen selbst aber gleichzeitig die Bürgerrechte verweigerte. Diese Desillusionierung brachte sie jedoch nicht zur Verzweiflung, sondern diente ihnen zuhause als Katalysator im Kampf für eine wahrhaft demokratische Gesellschaft. Während meiner gesamten Highschool-Zeit nahm ich an den Aufsatzwettbewerben von »Voice of Democracy« teil, die im Rahmen ihres Stipendienprogramms ausgeschrieben wurden. In meinen Aufsätzen vertrat ich leidenschaftlich meine Meinung, dass unser Land eine großartige Nation sei, die großartigste Nation der Welt, weil die Vereinigten Staaten sich der Demokratie verpflichtet hätten. Ich schrieb, dass alle Menschen in unserem Land Verantwortung für den Schutz und die Erhaltung der Demokratie übernehmen müssten. Wie vielen Schwarzen Kindern wurde auch mir beigebracht, dass einer der wichtigsten Aspekte unserer Demokratie darin bestand, dass sie das Recht auf Bildung für alle, unabhängig von Race, Gender oder Klasse garantiert.

Gegenwärtig gibt es unter den Lernenden kaum noch einen öffentlichen Diskurs über das Wesen der Demokratie. Heutzutage gehen die meisten von ihnen einfach davon aus, dass das Leben in einer demokratischen Gesellschaft ihr Geburtsrecht sei; sie aber nichts für die Aufrechterhaltung der Demokratie tun müssen. Möglicherweise verbinden sie Demokratie nicht einmal mehr mit dem Ideal der Gleichheit. In ihren Köpfen geht die Feindschaft gegen die Demokratie immer und ausschließlich von irgendwelchen fremden ›Anderen‹ aus, die nur darauf warten, das demokratische Leben anzugreifen und zu zerstören. Sie haben noch nie die amerikanischen Vordenker:innen der Vergangenheit und Gegenwart gelesen, die uns die Bedeutung der Demokratie erklären. Sie haben John Dewey nicht gelesen. Sie kennen seine eindringliche Botschaft nicht, dass »Demokratie in jeder Generation neu geboren werden muss«, und dass »die Bildung ihre Hebamme« ist. In ihrem Buch *Democratic Schools* beziehen sich James Beane und Michael Apple auf John Dewey, wenn sie die Notwendigkeit betonen, die Schulbildung an demokratischen Werten auszurichten. Sie erklären: »Wenn die Menschen eine demokratische Lebensweise sichern und aufrechterhalten wollen, müssen sie die Möglichkeit haben, zu lernen, was diese Lebensweise bedeutet und wie sie konkret gelebt werden kann.« Als entrechtete Gruppen amerikanischer Bürger:innen zusammen mit ihren Verbündeten dafür kämpften, die Bildungseinrichtungen so zu verändern, dass alle Menschen – auch Schwarze, People of Color und weiße Frauen – den gleichen Zugang erhalten, entstand ein dynamischer nationaler Diskurs über demokratische Werte. Im Einklang mit diesem Diskurs wurde Lehrenden eine entscheidende Rolle in der Vermittlung demokratischer Ideale zugesprochen. Ein nachhaltiges, kontinuierliches Engagement für soziale Gerechtigkeit bildete den Kern dieser Ideale.

Viele der Verbündeten im Kampf waren weiße Männer. Aufgrund der allgemeinen Verhältnisse und ihrer besonderen Privilegien standen sie an der Spitze der Bemühungen, das Bildungswesen zu einem Ort zu machen, an dem demokratische Ideale von Grund auf verwirklicht werden sollten. Doch vielfach waren diese die demokratischen Werte verfechtenden Männer innerlich gespalten. In der Theorie vertraten sie zwar die Ansicht, dass alle Menschen ein Recht auf Bildung haben, doch in der

Praxis unterstützten sie die Aufrechterhaltung der Hierarchien in den Bildungseinrichtungen, in denen privilegierte Gruppen begünstigt wurden. Wie Thomas Jefferson, der viel zum Aufstieg der Demokratie beigetragen hat, waren sie voller Widersprüche. Auch wenn Jefferson forderte, dass »die Masse des Volkes gebildet und informiert« sein müsse, kam in vielen seiner Werke seine Zwiespältigkeit zum Vorschein. Einerseits konnte er wortreich darüber sprechen und schreiben, wie notwendig es sei, den Geist der Demokratie und der Gleichheit hochzuhalten, und andererseits konnte er Versklavte besitzen und Schwarzen die grundlegenden Menschenrechte verweigern. Trotz dieser Widersprüche ließ Jefferson nicht von seiner Überzeugung ab, dass es für den »Fortschritt des menschlichen Geistes« entscheidend ist, dem Wandel gegenüber aufgeschlossen zu sein. Er schrieb: »In dem Maße, in dem sich alles weiterentwickelt, aufgeklärter wird, in dem Maße, in dem neue Entdeckungen gemacht, neue Wahrheiten entdeckt werden, die Sitten und Meinungen sich ändern, mit dem Wandel der Umstände, müssen sich auch die Institutionen weiterentwickeln, um mit der Zeit Schritt zu halten.«

Sicherlich wurden Schule und Bildung tiefgreifenden und radikalen Veränderungen unterzogen, als die Kritik an den imperialistischen, weißsuprematistischen, kapitalistischen, patriarchalen Normen an Fahrt aufnahm. Die konservative Dominanzkultur reagierte auf diese Veränderungen jedoch mit Angriffen auf politische Fördermaßnahmen, insbesondere auf die Politik der »Affirmative Action«, die den Institutionen der höheren Bildung die Möglichkeit gab, entrechtete Gruppen stärker einzubeziehen. Die Folge war, dass die Türen der Bildung, die sich gerade erst geöffnet hatten und den Entrechteten den Zugang ermöglichten, wieder verschlossen wurden. Denn der anschließende Aufstieg der Privatschulen untergrub das öffentliche Schulwesen, während das bloße Lernen auf Prüfungen hin die Diskriminierung und Ausgrenzung verstärkte, sodass die rassistische und klassistische Segregation im Bildungswesen rasch zur allgemein akzeptierten Norm wurde. An allen Fronten wurden die Mittel für Bildung gekürzt. Progressive Professor:innen, die sich einst für einen radikalen Wandel eingesetzt hatten, wurden schlichtweg gekauft. Hoher Status und hohe Gehälter haben sie dazu gebracht, sich dem System anzupassen, das sie einst so vehement bekämpft hatten.

In den 1990er-Jahren wurden die Black Studies, die Women's Studies und die Cultural Studies so umgestaltet, dass sie nicht mehr als progressive Orte innerhalb des Bildungssystems fungierten, von denen aus ein öffentlicher Diskurs über Freiheit und Demokratie geführt werden konnte. Sie wurden größtenteils entradikalisiert. Und dort, wo dies nicht stattfand, wurden sie ghettoisiert und galten bloß noch als Spielwiese für Studierende, die sich eine radikale Identität zulegen wollten. Heute werden Lehrende, die sich diesem Prozess verweigern, oft ausgegrenzt oder sogar gedrängt, die akademische Welt zu verlassen. Diejenigen von uns, die bleiben und sich weiterhin für Bildung als Erziehung zur Freiheit einsetzen, erleben hautnah, wie die demokratische Bildung unterminiert wird, da die Interessen des Großkapitals und die Macht der Konzerne die Studierenden geradezu dazu verleiten, Bildung ausschließlich als Mittel für materiellen Erfolg zu betrachten. Ein solches Denken stellt den Erwerb von Informationen über die Gewinnung von Erkenntnis oder das Erlernen kritischen Denkens.

Der Grundsatz der Gleichheit, der den Kern der demokratischen Werte bildet, hat in einer Welt, in der eine globale Oligarchie die Macht übernimmt, nur noch wenig Bedeutung. Unter dem Vorwand der Bedrohung durch terroristische Angriffe wird den Bürger:innen eingeredet, dass freie Meinungsäußerung und Protest unser Land in Gefahr bringen. Und Regierungen auf der ganzen Welt übernehmen faschistische Politikstrategien, die die Demokratie an allen Fronten unterminieren. Dass »der Kapitalismus keine Demokratie mehr braucht«, erklärt Hervé Kempf in seiner kraftvollen Polemik *How the Rich Are Destroying the Earth*. Er stellt fest:

> »So ist die Demokratie für die Ziele der Oligarchie kontraproduktiv geworden: Die Demokratie begünstigt den Widerstand gegen ungerechtfertigte Privilegien; sie nährt Zweifel an illegitimen Machtbefugnissen; sie drängt auf eine rationale Prüfung von Entscheidungen. Sie ist daher in einer Zeit, in der die schädlichen Tendenzen des Kapitalismus immer offensichtlicher werden, zunehmend gefährlich.«

Mehr als je zuvor in unserem Land brauchen wir Pädagog:innen, um Schulen zu Orten zu machen, an denen die Bedingungen für die Entwicklung und Förderung eines demokratischen Bewusstseins geschaffen werden. Das Bildungssystem ist der wichtigste Ort in unserem Land, an dem freie Meinungsäußerung, Dissens und pluralistische Positionen in Theorie und Praxis geschätzt werden. In ihrer nachdenklichen Betrachtung dieses Themas, *Wrestling with the Angel of Democracy. On Being an American Citizen* erinnert uns Susan Griffin daran, dass »der Geist der Demokratie nur durch eine ständige Revolution am Leben erhalten werden kann«. In ihren tiefgründigen Betrachtungen über Demokratie in ihrem Buch *The Healing of America* hebt Marianne Williamson hervor, dass das demokratische Prinzip der Einheit in der Vielfalt als Grundlage der demokratischen Werte erhalten bleiben muss:

> »Es gibt Menschen in Amerika, die unsere Einheit überbetonen, aber die Bedeutung unserer Vielfalt nicht zu schätzen wissen, genauso wie es Menschen gibt, die unsere Vielfalt betonen, aber die Bedeutung unserer Einheit nicht zu schätzen wissen. Es ist unerlässlich, dass wir beides würdigen. Es geht um unsere Einheit und unsere Vielfalt, denn ihr Verhältnis zueinander ist Ausdruck einer philosophischen und politischen Wahrheit, außerhalb derer wir nicht gedeihen können.«

Griffin bekräftigt diese Einschätzung: »In einer Demokratie werden viele verschiedene Standpunkte zu allen möglichen Themen geäußert, und fast alle davon müssen toleriert werden. Dies ist ein Grund, warum demokratische Gesellschaften in der Regel pluralistisch sind.« Die Zukunft unserer demokratischen Bildung wird davon abhängen, inwieweit demokratische Werte über den Geist der Oligarchie triumphieren können, der versucht, die Vielfalt der Stimmen zum Schweigen zu bringen, die freie Meinungsäußerung zu unterbinden und den Bürger:innen den Zugang zu Bildung zu verwehren.

Wir als progressive Pädagog:innen halten weiterhin an einer Bildung als Praxis der Freiheit fest, weil wir verstehen, dass Demokratie nur in einem Umfeld gedeiht, in dem das Lernen geschätzt wird und die Fähigkeit zu denken das Kennzeichen mündiger Bürger:innen ist; freie Meinungsäußerung und die Bereitschaft zum Dissens werden in solch einem Umfeld akzeptiert und gefördert. Griffin meint:

> »Diejenigen, die zum demokratischen Bewusstsein beitragen, überschreiten die Grenzen des Vorurteils. Ihre Einstellung steht im Einklang mit dem tiefen Wunsch nach Rede- und Gedankenfreiheit, und zwar nicht nur

> als Mittel in den ewigen Kämpfen um politische Macht, die in jeder Epoche stattfinden, sondern aus einem viel grundlegenderen demokratischen Impuls heraus, dem Wunsch nach Bewusstseinserweiterung.«

Demokratische Bildung basiert auf der Annahme, dass Demokratie funktioniert, dass sie die Grundlage für jedes echte Lehren und Lernen ist.

3
Engagierte Pädagogik

Engagierte Pädagogik geht davon aus, dass wir am besten lernen, wenn eine interaktive Beziehung zwischen Lernenden und Lehrenden besteht. Als Anleitende und Vermittelnde müssen die Lehrpersonen herausfinden, was die Lernenden wissen und was sie wissen sollten. Dies gelingt nur, wenn sie bereit sind, die Lernenden tatsächlich und nicht nur auf eine oberflächliche Weise einzubeziehen. Als Lehrende können wir ein Klima für optimales Lernen schaffen, wenn wir eine möglichst realistische Vorstellung vom Niveau des emotionalen Bewusstseins und der emotionalen Intelligenz im Unterricht haben. Das bedeutet, dass wir uns Zeit nehmen müssen, um zu beurteilen, wen wir unterrichten. Als ich mit meiner Lehrtätigkeit begann, war ich wie viele Lehrpersonen am meisten damit beschäftigt, wenn nicht sogar ein wenig besessen davon, ob ich wirklich genügend Informationen und Lehrstoff vermittelte. Um sicherzustellen, dass wir im Unterricht Zeit hatten, den Stoff zu behandeln, der meiner Meinung nach wirklich wichtig war, nahm ich mir nicht die Zeit, die Lernenden aufzufordern, sich vorzustellen oder etwas darüber zu erzählen, woher sie kamen und was ihre Hoffnungen und Träume waren. Ich stellte jedoch bald fest, dass die Energie in der Gruppe positiver und lernförderlicher war, wenn ich mir die Zeit genommen hatte, alle miteinander bekannt zu machen.

Mit all der Erfahrung, die ich jetzt nach mehr als dreißig Jahren im Lehrbetrieb habe, fange ich, egal in welchem Umfeld, niemals mit dem Unterrichten an, ohne vorher den Grundstein für den Aufbau einer Lerngemeinschaft zu legen. Dazu ist es unerlässlich, dass sich Lehrende und Lernende die Zeit nehmen, sich gegenseitig kennenzulernen. Dieser Prozess kann ganz einfach damit beginnen, die Stimme jeder einzelnen Person zu hören, wenn sie ihren Namen nennt. Als ich das erste Mal dem vietnamesischen buddhistischen Mönch Thich Nhat Hanh begegnete, war ich beeindruckt von seiner Überzeugung, dass, wenn Lernende in der Nähe einer kraftvollen, einfühlsamen Lehrperson sind, sie bereits viel lernen können, noch bevor überhaupt Worte gesprochen werden. Er erklärt: »In China heißt es: ›Wenn eine weise Person geboren wird, wird das Wasser im Fluss klarer und die Pflanzen und Bäume auf den umliegenden Bergen werden grüner.‹« Auch wenn Thay (Thich Nhat Hanh) hier nur über spirituelle Lehrer:innen spricht – diejenigen von uns, die im Unterricht großartige Lehrpersonen erlebt haben, wissen, dass allein ihre Präsenz erhellend ist.

Wenn wir den Unterricht als einen Ort begreifen, an dem Lehrende und Lernende ihr ›inneres Licht‹ teilen können, eröffnet uns dies einen Weg, um erahnen zu können, wer wir sind und wie wir gemeinsam lernen können. Ich mag es, den Verstand und das Herz der Studierenden anzusprechen, indem ich einfache Schreibübungen, z. B. Satzvervollständigungen, mit ihnen mache. So kann es sein, dass wir alle einen spontanen Absatz verfassen, der mit einem Satz beginnt wie »Mein mutigster Moment war, als …«. Oder wir bringen einen kleinen Gegenstand mit in den Unterricht und schreiben alle einen kurzen Absatz über dessen Wert und Bedeutung. Wenn wir uns diese kurzen Absätze dann laut vorlesen, haben wir die Möglichkeit, jede einzelne Stimme zu hören und wahrzunehmen. Die meisten Professor:innen wissen, wie es ist, in einer Lehrveranstaltung mit zwanzig oder mehr Studierenden zu sitzen, wo sie sich eine lebhafte Diskussion wünschen, aber nur zwei oder drei von den Studierenden etwas sagen. Durch das gemeinsame Schreiben und Lesen von Absätzen wird die Kraft der Stimme jeder einzelnen und einzigartigen Person anerkannt und so der Raum geschaffen, in dem alle zu Wort kommen können, wenn sie etwas Wichtiges zu sagen haben.

Von meinen Studierenden verlange ich niemals eine schriftliche Aufgabe, die ich nicht selbst bearbeiten möchte. Ich bin bereit, meine Gedanken und Ideen mitzuteilen, denn dass ich mich ebenfalls äußere und dabei Angst oder Scham überwinde, zeigt, wie wichtig dies ist. Wenn wir alle Risiken eingehen, beteiligen wir uns alle gemeinsam an der Arbeit, eine Lerngemeinschaft zu schaffen. Wir entdecken gemeinsam, dass wir im Raum des gemeinsamen Lernens verletzlich sein können, dass wir Risiken eingehen dürfen. Engagierte Pädagogik legt Wert auf die Beteiligung aller, denn es ist die gemeinsame Entwicklung von Ideen, die eine fruchtbare Arbeitsbeziehung zwischen allen Beteiligten in der Lerngruppe entstehen lässt. Dieser Prozess trägt dazu bei, die Integrität der Lehrperson zu stärken und gleichzeitig die Lernenden zu ermutigen, mit derselben Integrität zu arbeiten.

Die ursprüngliche Bedeutung des Wortes ›Integrität‹ ist ›Ganzheit‹. Daher macht eine engagierte Pädagogik den Unterricht zu einem Ort, an dem Ganzheitlichkeit willkommen ist und die Lernenden ehrlich, ja sogar radikal offen sein dürfen. Sie können ihre Ängste benennen und die Widerstände, mit denen sie im Denkprozess zu kämpfen haben; sie können ihre Meinung sagen und auch die Momente ausgiebig feiern, in denen alles klappt und kollektives Lernen stattfindet. Wann immer echtes Lernen stattfindet, sind die Voraussetzungen für Selbstentfaltung und Selbstverwirklichung gegeben, auch wenn dies nicht unmittelbar das Ziel unseres Lehrprozesses ist. Da die engagierte Pädagogik die Bedeutung des eigenständigen Denkens und das Finden der eigenen Stimme einer jeden lernenden Person hervorhebt, ist diese Anerkennung für die Lernenden in der Regel sehr empowernd. Dies ist besonders wichtig für diejenigen, die sonst vielleicht nicht das Gefühl hätten, dass sie ›wertvoll‹ sind, dass sie etwas von Wert beitragen können.

Engagierte Pädagogik geht davon aus, dass alle im Unterricht einen wertvollen Beitrag zum Lernprozess leisten können. Sie geht jedoch nicht davon aus, dass alle Stimmen die ganze Zeit gehört werden sollten oder dass ihnen allen immer gleich viel Zeit eingeräumt werden sollte. Zu Beginn meines Studiums und in den ersten Jahren meiner Lehrtätigkeit war es so, dass in allen Lehrveranstaltungen fast zwanghaft auf ›Fairness‹ geachtet wurde. Für die Lehrenden bedeutete dies, dass allen die gleiche Redezeit gewährt werden und jede Stimme inhaltlich gleich gewichtet werden sollte. Dies führte oft nur dazu, dass gerade die unvorbereiteten Studierenden endlos redeten. In einem engagierten Unterricht lernen die Teilnehmenden den Wert des Sprechens und des

Dialogs, und sie lernen auch, zu sprechen, wenn sie etwas Wesentliches beizutragen haben. Die Einsicht, dass alle einen wertvollen Beitrag zu einer Lerngemeinschaft leisten können, bedeutet, dass wir alle Fähigkeiten anerkennen müssen, nicht nur die Fähigkeit des mündlichen Ausdrucks. Lernende, die sich durch aktives Zuhören auszeichnen, tragen ebenfalls viel zur Bildung einer Gemeinschaft bei. Dies gilt auch für solche, die vielleicht nicht oft sprechen, aber wenn sie sich zu Wort melden (manchmal nur beim Vorlesen von verpflichtenden schriftlichen Arbeiten), ist das, was sie zu sagen haben, von weitaus größerer Bedeutung als das, was andere Studierende zu sagen haben, die vielleicht immer offen über Ideen diskutieren. Und natürlich gibt es Zeiten des aktiven Schweigens, des Innehaltens und Nachdenkens, bevor gesprochen wird, was viel zur Unterrichtsdynamik beitragen kann.

Wenn sich die Studierenden voll engagieren, übernehmen die Lehrenden nicht mehr die alleinige Führungsrolle im Unterricht. Stattdessen funktioniert der Unterricht dann eher wie eine kooperative Arbeitsgemeinschaft, in der alle ihren Beitrag leisten, um sicherzustellen, dass sämtliche Ressourcen genutzt werden, um allen ein optimales Lernen zu ermöglichen. Letztlich wollen alle Lehrenden, dass im Unterricht gelernt wird und Bildung als Mittel zur Selbstentfaltung und Selbstverwirklichung verstanden wird. In *Die Welt verändern lernen. Bildung als Praxis der Freiheit* habe ich ausgeführt: »Um also zur Freiheit zu erziehen, müssen wir die Art und Weise, wie wir alle über pädagogische Prozesse denken, hinterfragen und verändern. Das gilt besonders für die Lernenden.« Engagierte Pädagogik ist für ein Umdenken in der Bildung von entscheidender Bedeutung, weil sie das Versprechen einer umfassenden Partizipation der Lernenden in sich birgt. Engagierte Pädagogik schafft eine wechselseitige Beziehung zwischen Lehrenden und Lernenden, die die gegenseitige Entwicklung fördert und eine Atmosphäre des Vertrauens und des Engagements schafft, das immer dann vorhanden ist, wenn echtes Lernen stattfindet. Engagierte Pädagogik erweitert Herz und Verstand und macht uns zu besseren Lernenden, weil sie uns dazu auffordert, gemeinsam Wissen zu erwerben, Probleme zu lösen und Intelligenz als Ressource zu sehen, die für unser Gemeinwohl förderlich sein kann.

4

Dekolonisierung

Kritische Pädagogik umfasst alle Studien- und Lernbereiche, die darauf abzielen, die Vorurteile zu beseitigen, die seit der Gründung der ersten öffentlichen Schule bestimmt, wie und was in unserer Gesellschaft gelehrt wird. Die beiden großen Bewegungen für soziale Gerechtigkeit, die nicht nur unsere Kultur als Ganzes veränderten, sondern auch kleine, aber wirkmächtige Revolutionen im Bildungswesen auslösten, sind die Bürgerrechtsbewegung und die Frauenbewegung. Nachdem der engagierte Kampf für die Gleichstellung der Schwarzen zur Aufhebung der rassistischen Segregation und zu entsprechenden Gesetzesänderungen geführt hatte, waren die Aktivist:innen der Black-Power-Bewegung eine der ersten Gruppen in diesem Land, die darauf aufmerksam machten, auf welch vielfältige Weise das Bildungswesen die weiße Vorherrschaft stärkt, indem es weißen Kindern Ideologien der Dominanz und Schwarzen Kindern Ideologien der Unterordnung vermittelte. Die Aktivist:innen kritisierten z. B., dass Schulkindern beigebracht wurde, dass »Kolumbus Amerika entdeckte« (ein Vorurteil, das die Anwesenheit von Indigenen in diesem Land leugnet, bevor kolonisierende Weiße in die sogenannte neue Welt kamen), und sie riefen uns das lange verdrängte Wissen über afrikanische Entdeckungsreisende wieder in Erinnerung, die bereits vor den Europäer:innen in diesem Land unterwegs gewesen waren. Nur wenige Menschen in den USA, egal wie sie in Bezug auf Race gelesen werden, wollen sich daran erinnern, wie die Black-Power-Aktivist:innen in den öffentlichen Schulen nicht nur dafür sorgten, dass hungrige Kinder zu essen bekamen, sondern ihnen auch das boten, was Malcolm X als »neue Sichtweisen« auf sich selbst und die Welt bezeichnete.

Gleichzeitig wurde das Patriarchat durch den Feminismus infrage gestellt, und damit auch das Beharren auf der Vorrangstellung männlicher Wissenschaftler und ihrer Werke – ein Aufbegehren, das große Veränderungen bewirkte. Als zu der Genderkritik die Kritik von Race und Klasse hinzukam, war jede Art von Vorurteil infrage gestellt. Für fortschrittliche Lehrende und Lernende war dies eine echte Revolution, die es vielen von uns ermöglichte, in Studienbereiche vorzudringen, die zuvor nur privilegierten weißen Männern vorbehalten waren. Viele von uns besuchten Colleges und Universitäten, die uns nicht aufgenommen hätten, wenn es nicht sowohl Bewegungen für Gleichberechtigung gegeben hätte, die darauf abzielten, rassistische, geschlechterspezifische und klassenbedingte Vorurteile zu beseitigen, als auch eine Bewegung für Wiedergutmachung und einem entsprechenden Umbau der Institutionen (fälschlicherweise als »Affirmative Action« bezeichnet). Es war, als ob die Verwendung des Wortes »affirmative« bedeutete, dass den Unterprivilegierten ein großes »Ja« seitens der Privilegierten geschenkt wurde, womit genau die paternalistische Herrschaftsstruktur festgeschrieben wurde, die eigentlich beseitigt werden sollte. Doch davon einmal abgesehen ermöglichte die Politik der »Affirmative Action« es vielen Menschen aus ausgebeuteten, unterdrückten und/oder entrechteten Gruppen, eine höhere Bildung anzustreben, und das in einem historischen Moment, in dem das imperialistische, kapitalistische Patriarchat mit seiner weißen Vorherrschaft international und hierzulande infrage gestellt wurde.

Inspiriert von der Radikalität der militanten Freiheitskämpfe in Afrika, Südamerika, China und der ganzen Welt lernten radikalisierte Menschen in den USA, vor allem solche aus entrechteten Gruppen, eine neue Sprache, mit der wir unsere Situation hierzulande zum Ausdruck bringen konnten. Albert Memmi untersuchte die Beziehung zwischen dem »Kolonisator und den Kolonisierten« und Frantz Fanon richtete den Blick auf die Dekolonisierung. Walter Rodney legte dar, »wie Europa Afrika unterentwickelt hat«. Léopold Sédar Senghor gab uns die »Négritude« und Amílcar Cabral sprach von der »Dekolonisierung des Denkens«. Alle haben Marx gelesen. Einige Leute arbeiteten daran,

Race, Gender und Klasse zusammenzubringen, sodass wir unsere Welt wirklich von einem Verständnis aus untersuchen konnten, wie sich Unterschiede in unserem täglichen Leben politisch ausgewirkt haben.

»Befreiung« war der Begriff, der ständig beschworen wurde. Und es war unglaublich befreiend, endlich eine komplexere politische Sprache zu finden, mit der die Politik in unserem Land beim Namen genannt und verstanden werden konnte. Es war unglaublich befreiend, die Vorstellungen von persönlichen Vorurteilen und Hass hinter sich zu lassen und stattdessen Herrschaftssysteme zu analysieren und auch zu sehen, wie sie ineinandergreifen. Die wichtigste Lektion für alle, unabhängig von unserer Positionierung in Bezug auf Race, Klasse oder Gender, war es, zu erkennen, welche Rolle die Bildung als Instrument der Kolonisierung hier in den Vereinigten Staaten spielte. Natürlich gab es auch Kritik an diesem Begriff, insbesondere daran, ihn auf die Erfahrungen von Afroamerikaner:innen anzuwenden. Es hieß, dass er unangemessen sei, weil wir keine Indigenen eines Landes seien, das uns gehörte, mit einer eigenen Sprache und Kultur. Und die Verbindung zwischen dem politischen Schicksal der Schwarzen US-Bürger:innen und dem der Schwarzen Bevölkerung auf dem afrikanischen Kontinent wollten manche nicht sehen.

Bezeichnenderweise sprachen die progressiven Schwarzen hierzulande am meisten über die Kolonisierung des Denkens. Diese Kolonisierung begann für Indigene, für Schwarze, People of Color und asiatisch-amerikanische Menschen mit der Annahme, dass unsere Geschichte hier in den USA erst mit der zivilisierenden Präsenz der Kolonisator:innen begann. In *Pedagogy in Process. The Letters to Guinea-Bissau* stellt Paulo Freire fest:

> »Die Kultur der Kolonisierten war eine Widerspiegelung der barbarischen Sichtweise der Kolonisator:innen auf die Welt. Die Kultur gehörte nur den Kolonisator:innen. (...) Der Entfremdung durch die koloniale Erziehung und Bildung widerstanden die Kolonisierten nur dann, wenn sie in ihrem Drang nach Unabhängigkeit bestimmte Aspekte der Kolonialkultur ablehnten.«

Bei vielen Schwarzen und People of Color der ersten Generation, die ein College besuchten, wurden die Samen, die uns dazu brachten, die kolonisierende Geisteshaltung abzulehnen, bereits in uns gesät, bevor wir in die Institutionen eintraten. Denn wir wären sicherlich nicht für die Segnungen der »Affirmative Action« bereit gewesen, wenn wir nicht schon gelernt hätten, uns gegen den Druck zu wehren, den die Werte und Perspektiven der Herrschenden auf unsere Identität ausüben. Normalerweise lernten wir ein gewisses Maß an Widerstand gegen die herrschende Kultur bereits im Elternhaus. Dieser Kampfgeist hat uns in den Bildungseinrichtungen sehr geholfen, wo wir mit massivem voreingenommenem Dominanzdenken konfrontiert waren.

Ohne eine dekolonisierende Grundeinstellung ist es für intelligente Lernende aus benachteiligten Gruppen oft schwierig, in den Bildungseinrichtungen der Dominanzkultur erfolgreich zu sein. Dies gilt sogar für diejenigen, die sich die Werte dieser Kultur zu eigen gemacht haben. Sie sind vielleicht sogar am wenigsten auf die Hindernisse vorbereitet, mit denen sie konfrontiert werden, weil sie selbst davon so überzeugt sind, dass sie sich von den anderen Mitgliedern ihrer Gruppe unterscheiden. Ein großer Fehler in allen mächtigen sozialen Bewegungen in unserem Land war und ist die Annahme, dass die Befreiung mit einem Schlag erfolgen würde. Das behinderte den Fortschritt schon allein deshalb, weil, sobald bestimmte Erfolge der Gleichberechtigung erreicht wurden, der Kampf aufhörte. Und das ist natürlich gefährlich, wenn versucht wird, innerhalb der Dominanzkultur Subkulturen der Selbstbestimmung aufzubauen. Wir wären alle besser dran gewesen in unseren Kämpfen gegen Rassismus, Sexismus und Klassenausbeutung, wenn wir gelernt hätten, dass Befreiung ein kontinuierlicher Prozess ist. Tagtäglich werden wir von der Kolonialmentalität überrollt; nur wenigen von uns gelingt es, sich den Botschaften zu entziehen, denen wir in allen Bereichen unseres Lebens ausgesetzt sind. Jene Geisteshaltung prägt nicht nur unser Bewusstsein und unser Tun, sondern bietet auch materielle Belohnungen für Unterwerfung und Duldung, die weitaus größer sind als die materiellen Vorteile des Widerstands. Deshalb müssen wir ständig neue Wege des Denkens und Seins finden. Wir müssen kritisch wachsam sein. Das ist keine leichte Aufgabe, wenn die meisten Menschen die meiste Zeit ihres Tages damit verbringen, innerhalb der Dominanzkultur zu arbeiten.

Diejenigen von uns, die im Bildungswesen tätig sind, haben das Glück, dass wir als Einzelne in der Lage sind, gegen die sich verstärkende Dominanzkultur und die entsprechenden Vorurteile anzugehen, ohne dass wir dabei auf viel Widerstand stoßen. Hochschullehrende haben enorme Freiheiten in ihren Lehrveranstaltungen. Unsere größte Schwierigkeit ist die Vermittlung von Wissen aus einer unvoreingenommenen und/oder dekolonisierten Perspektive an Studierende, die so tief in der Dominanzkultur verwurzelt sind, dass sie nicht offen dafür sind, neue Wege des Denkens und Wissens zu beschreiten. Kürzlich hielt ich eine Vorlesung, in der eine junge weiße Studentin während der anschließenden Diskussion ganz unverblümt erklärte: »Ich bin eine dieser bösen Kapitalist:innen, die Sie kritisieren, und ich möchte nicht durch die Teilnahme an Ihren Lehrveranstaltungen oder das Lesen Ihrer Bücher verändert werden.« Ich machte sie darauf aufmerksam, dass das Wort »böse« weder in meiner Vorlesung noch in den dort genannten Schriften verwendet wurde. Anschließend erklärte ich den Anwesenden, dass ich in allen meinen Lehrveranstaltungen von Anfang an deutlich mache, dass es nicht meine Absicht ist, Klone von mir selbst zu schaffen. Unbeirrt beteuerte ich: »Meine wichtigste Absicht als Lehrperson ist es, eine offene Lerngemeinschaft zu schaffen, in der die Studierenden lernen können, kritisch zu denken und den von uns gemeinsam studierten Lehrstoff zu verstehen und zu reflektieren.« Außerdem sagte ich, dass ich die Erfahrung gemacht habe, dass Studierende, die kritisch denken gelernt haben, oft aus eigenem Antrieb die Perspektive wechseln; ob das zu ihrem Besten ist, wissen nur sie selbst.

Weil das Bildungswesen leider keine radikale Umgestaltung von Grund auf erlebt hat, ist Bildung als Praxis der Freiheit immer noch eine Pädagogik, die nur von Personen akzeptiert wird, die sich ausdrücklich dazu entscheiden, ihre Anstrengungen in diese Richtung lenken. Wir müssen uns bewusst dafür entscheiden, so zu unterrichten, dass dies im Interesse von Demokratie und Gerechtigkeit geschieht. Da die radikalen Interventionen im Bildungsbereich, die zur Abschaffung vieler diskriminierender Praktiken beigetragen und dadurch vielfältige Kontexte für unvoreingenommenes Lernen geschaffen haben, von der Dominanzkultur heftig angegriffen worden sind, ist ihre Wirkung gemindert. Gleichzeitig reden viele ›radikale‹ Wissenschaftler:innen zwar häufig über radikale Theorien, wenden dann aber doch wieder nur eine konventionelle Praxis an, die von der Dominanzkultur gebilligt wird. Gewiss, die von der herrschenden Bildungshierarchie gewährten Belohnungen schwächen die Bemühungen um Widerstand und Veränderung im Bildungswesen. Wenn wir jedoch verstehen, dass Befreiung ein fortlaufender Prozess ist, müssen wir jede Gelegenheit nutzen, um unser Denken und das Denken unserer Lernenden zu dekolonisieren. Trotz schwerer Rückschläge gab es radikale Veränderungen in der Art und Weise, wie wir lehren und lernen, und dies wird auch weiterhin der Fall sein, so lange die, »die sich nach Freiheit sehnen«,[7] lehren, Grenzen zu überschreiten und die Welt zu verändern.

---

7 Anm. d. Ü.: Im englischen Original spricht bell hooks von »minds ›stayed on freedom‹« und spielt damit auf eines der populären Lieder der Bürgerrechtsbewegung an: »Woke Up This Morning (With My Mind Stayed On Freedom)«, ein Song, der 1961 in Abwandlung des alten Gospelsongs »I woke up this morning with my mind stayed on Jesus« von Reverend Robert Wesby aus Aurora getextet wurde.

5

Integrität

In der gesamten Geschichte der Bildung in den Vereinigten Staaten, und zwar im öffentlichen Schulwesen wie auch in der Hochschulbildung, wurde die Unterrichtskultur von der imperialistischen, kapitalistischen, weiß-suprematistischen, patriarchalen Politik geprägt. Und dies hat sowohl beeinflusst, wie Wissen vermittelt wird, als auch welche Inhalte gelehrt werden. Erst in den letzten zwanzig Jahren wurde radikal infrage gestellt, was wir lehren und wie wir es lehren. Bildung war immer ein Werkzeug der Kolonialisierung, das dazu diente, die Lernenden zu Ergebenheit gegenüber den herrschenden Verhältnissen zu erziehen. Dies war so sehr die akzeptierte Norm, dass der großen Zahl von Lehrenden keine Schuld zugeschrieben werden kann, denn sie haben einfach so unterrichtet, wie sie selbst unterrichtet worden waren. Doch da sogar ein kleines Kind die Frage stellen kann: »Wenn die Indigenen Amerikas vor Kolumbus hier waren, wie kann dann Kolumbus Amerika entdeckt haben?«, muss es immer Lehrende gegeben haben, die Dinge hinterfragten, die klar erkannten, dass vieles von dem, was sie lehrten, nur darauf abzielte, die Politik des imperialistischen, kapitalistischen Patriarchats weißer Vorherrschaft zu unterstützen.

Indem sie Bildung zum Werkzeug der Kolonisierung der Massen gemacht hat, ließ die Dominanzkultur den Unterricht im Grunde zu einem Ort ohne Integrität verkommen. Zwar war nicht alles Lernen im Sinne des Status quo ausgerichtet, aber das meiste war es doch, besonders in den allgemeinbildenden Schulen. Nachdem man uns gelehrt hatte, an die Überlegenheit des Empires, der Vereinigten Staaten, des

Weißseins und der Männlichkeit zu glauben, waren die meisten Lernenden, wenn sie das College erreichten, bereits zutiefst indoktriniert. Und so war es eine der großen Revolutionen der letzten fünfzig Jahre, als Lehrende begannen, die Vorurteile zu hinterfragen. Im Wesentlichen begann diese Hinterfragung in den sechziger Jahren, als militante Black-Power-Aktivist:innen kritisierten, dass Geschichte und Literatur im Unterricht verzerrt dargestellt wurden, um sicherzustellen, dass Schwarze den Selbsthass verinnerlichten. Doch bereits seit den fünfziger Jahren hatte der Bürgerrechtskampf dazu geführt, dass bewusste Schwarze die Art und Weise hinterfragten, in der wir über uns selbst und über die Schwarze Geschichte unterrichtet wurden. Auch in vielen Schwarzen Familien erzählten die Eltern ihren Kindern andere Geschichten über unsere Vergangenheit als die, die von Lehrkräften vermittelt wurden, die die weiße Vorherrschaft reproduzierten. Ich erinnere mich, dass ich in meinen frühen Highschool-Jahren meine Lehrer:innen fragte, warum wir nie Literatur von Schwarzen Schriftsteller:innen lasen. Daraufhin wurde mir gesagt, dass es keine gäbe. Als ich mit einer Liste Schwarzer Autor:innen in die Schule kam, wurde mir gesagt, dass ihre Werke keine ›große‹ Literatur, sondern minderwertig und es nicht wert seien, gelehrt zu werden. Damals hinterfragte niemand im Bildungssystem die Art und Weise, wie das Denken der weißen Vorherrschaft den Unterricht bestimmte.

Auch wenn die meisten Lehrenden, vor allem die weißen, nur die Regeln befolgten und so unterrichteten, wie es ihnen beigebracht worden war, richteten die Unehrlichkeit und die hasserfüllten Vorurteile, von denen ihr Unterricht geprägt war, bei allen Lernenden großen Schaden an. Als Heranwachsende mussten wir erleben, wie auch die durch religiöse Lehren besonders befeuerte geschlechterspezifische Diskriminierung in unseren Schulen und Familien noch weiter verfestigt wurde. Rassistisches Denken wurde zwar in den meisten Fällen von unseren Eltern infrage gestellt, jedoch griffen die meisten Eltern weder ein, noch hinterfragten sie die Inhalte, die ihren Kindern in der Schule vermittelt wurden. Ganz offensichtlich ist die Art und Weise, wie die überwiegende Mehrheit der Schwarzen ihre Kinder erzieht und was sie sie lehrt, von verinnerlichtem rassistischem Gedankengut geprägt. Denn die meisten Schwarzen Menschen wurden kolonisiert; ihnen wurde beigebracht, die weiße Vorherrschaft zu akzeptieren und aufrechtzuerhalten. So kann es sein, dass etwa Schwarze, die für Bürgerrechte demonstrieren und gegen den Rassismus der Weißen protestieren, zu Hause womöglich die Ästhetik der weißen Vorherrschaft aufrechthalten, indem sie ihren Kindern beibringen, helle Haut zu schätzen und dunkle Haut abzuwerten. Zu einem großen Teil wurde dieser verinnerlichte Rassismus in unseren Bildungseinrichtungen gefördert und genährt.

Rassismus ist nur eines der Herrschaftssysteme, die von Pädagog:innen aufrechterhalten werden. So wie mir in der Highschool gesagt wurde, es gäbe keine Schwarzen Schriftsteller:innen, wurde mir in meiner Studienzeit an einem Elite-College vermittelt, Frauen könnten keine ›großen‹ Schriftsteller:innen sein. Glücklicherweise hatte ich eine weiße Professorin, die uns beibrachte, patriarchale Vorurteile zu erkennen und sie zu hinterfragen. Ohne ihren gegenhegemonialen Input – wie viele Frauen hätten ihre Sehnsucht zu schreiben unterdrückt? Wie viele hätten ihr Studium mit dem Gedanken beendet: ›Warum es versuchen, wenn du nie gut genug sein kannst?‹

Was auch immer in der Dominanzkultur gerade im Vordergrund steht (Sexismus, Rassismus, Homofeindlichkeit usw.), bis vor noch nicht allzu langer Zeit spielten fast alle Lehrpersonen eine wichtige Rolle bei der Durchsetzung, Förderung und Aufrechterhaltung von Vorurteilen. Daher war der Unterricht meist kein Ort, an dem Werte wie Ehrlichkeit und Integrität im Mittelpunkt des Lernens standen. Und trotz aller Interventionen hat sich die Situation vielerorts immer noch nicht geändert. Der Unterricht kann sich auch nicht ändern, wenn die Lehrenden nicht bereit sind, zuzugeben, dass ein vorurteilsfreier Unterricht nur dann möglich ist, wenn die meisten von uns neu anfangen zu lernen, wenn wir selbst wieder zu Lernenden werden. An dem College, an dem ich unterrichte, war ein weißer männlicher Soziologieprofessor stolz darauf, dass er den Studierenden gleich zu Beginn des Kurses erklärte, dass es in seiner Lehrveranstaltung um Klasse gehen würde und nicht um Race oder Gender. Vermutlich meinte er als Alt-Linker, dass er sich einfach auf die Wirtschaft konzentrieren wollte. Vielleicht wollte er nicht, dass die Studierenden die zahllosen Arten untersuchen, wie Race und Gender auf die Konstruktion von Klasse in unserer Gesellschaft einwirken. Es könnte aber auch sein, dass er in typisch weiß-suprematistischer und patriarchaler Denkweise davon überzeugt war, dass diese Faktoren tatsächlich keinen Einfluss auf die Klassenverhältnisse haben. Seine autoritäre Ankündigung brachte die Studierenden jedenfalls von vornherein zum Verstummen, so dass sie diesbezüglich noch nicht einmal mehr Fragen stellten.

Wir werden nie ganz ermessen können, welchen psychologischen Schaden der Verrat an der Integrität durch Vorurteile in der Bildung angerichtet hat und immer noch anrichtet. Wie Voreingenommenheit die Bildung prägt, wie sie bestimmt, was und wie wir lernen, wird heute mehr und mehr kritisiert. Das ist eine radikale Intervention, die es ermöglicht hat, die Integrität im Unterricht wiederherzustellen. Integrität ist gegeben, wenn Übereinstimmung zwischen dem herrscht, was wir denken, sagen und tun. Die ursprüngliche Bedeutung des Wortes hat mit Ganzheitlichkeit zu tun.

In *The Six Pillars of Self-Esteem* definiert Nathaniel Branden den Begriff so: »Integrität ist die Integration von Idealen, Überzeugungen, Normen, Glaubenssätzen – und Verhalten. Wenn unser Verhalten mit unseren erklärten Werten kongruent ist, wenn Ideale und Praxis übereinstimmen, haben wir Integrität.« Über Integrität wird im Unterricht wenig oder gar nicht diskutiert. Leider halten viele Lehrende und Lernende Integrität für ein altmodisches Konzept, das kaum Bedeutung hat in einer Welt, in der alle nach Erfolg streben. Und doch, wenn Lernen in einem Kontext ohne Integrität stattfindet, ist es wahrscheinlich, dass die Lernenden verinnerlichen, was die Psychoanalytikerin Alice Miller als »schwarze Pädagogik« bezeichnet hat.

In allen Bildungseinrichtungen gibt es heute Lehrende, die konstruktiv auf die Kritik an Vorurteilen reagiert haben, indem sie ihren Lehrplan ändern und sich dafür entscheiden, auf eine Art und Weise zu unterrichten, die die Diversität unserer Welt und unserer Lernenden würdigt. Sie sind sich bewusst, dass ihr Unterricht ein Ort sein muss, an dem Integrität geschätzt wird, damit Bildung als Praxis der Freiheit zur Norm werden kann. Und sie sind mutig, weil die ganze Welt um sie herum Integrität abwertet.

6

Die Sinnfrage

In der breiten Gesellschaft, in der Welt jenseits des akademischen Betriebs, beschäftigen sich die Menschen im Alltag mit der Frage nach dem Sinn. Sie wünschen sich ein klareres Verständnis des Lebens und dessen, was dem Leben einen Sinn gibt. Im beruflichen Umfeld sprechen Lehrende, insbesondere diejenigen, die an Colleges und Universitäten arbeiten, nur selten über den Sinn und Zweck unseres Tuns. Wir sprechen selten darüber, wie wir unsere Rolle als Lehrende sehen. Mein Verständnis von der Rolle einer Lehrperson wurde zu einem großen Teil von den Erkenntnissen bestimmt, die ich als Schülerin bzw. Studentin aus der Beobachtung von Lehrpersonen gewonnen hatte. Die meisten von ihnen schienen sich in drei Kategorien einteilen zu lassen: diejenigen, die das Unterrichten als einen leichten Job mit langen Ferien ansahen; diejenigen, die das Unterrichten ausschließlich als klar zu bemessende Vermittlung von Informationen und Wissen ansahen und schließlich diejenigen, die sich dafür einsetzten, die Intelligenz ihrer Lernenden zu erweitern – ihnen zu helfen, mehr zu lernen. Es war diese dritte Kategorie von Lehrkräften, die mich am meisten beeinflusst hat und die mich auch weiterhin beeinflusst und inspiriert.

Sie waren die Lehrpersonen, denen die Vernetzung des Denkens mit den Lerninhalten am Herzen lag. Sie waren die Engagierten, die wollten, dass die Lernenden wachsen und ihre eigene Persönlichkeit entfalten. Da war die Grundschullehrerin, die erkannte, dass ich gerne lese, und mir erlaubte, mehr Bücher aus der Bibliothek auszuleihen, als eigentlich üblich war, und da war die College-Professorin, die Kopien eines Gedichts, das ich geschrieben hatte, ohne Namen verteilte, um zu sehen, ob das Geschlecht der Verfasserin identifiziert werden konnte. Mit dieser kleinen Aufgabe bewies sie uns allen, dass das Geschlecht nicht darüber entscheidet, ob eine Person gut schreiben kann. Indem sie uns die Falschheit des damals üblichen sexistischen Denkens vor Augen führte, das besagte, Frauen könnten niemals so gut schreiben wie Männer, riss sie die Gefängnismauern ein, die unsere Vorstellungskraft kolonisiert hatten und unseren Verstand gefangen hielten. Das war für mich ein Moment, der mein Leben verändert hat.

Ich kam aus einer kleinen, von Segregation geprägten Welt in Kentucky an die Stanford University, aber sowohl in den Schwarzen Schulen, die ich besucht hatte, als auch später in der integrierten Highschool war mir immer gesagt worden, ich sei eine gute Schriftstellerin. Doch als ich an die Universität kam, stellten die Professor:innen mir ständig Fragen zu meinen schriftstellerischen Leistungen, wobei sie mir unterstellten, dass mir entweder jemand geholfen habe oder dass ich mich vielleicht sogar schuldig gemacht und von anderen abgeschrieben habe. Auch wenn diese Fragen in der Regel zur Zufriedenheit der Lehrenden beantwortet wurden, waren sie ein schwerer Schlag für mein Selbstwertgefühl. Als ich aber bei Diane Middlebrook studierte, der renommierten Autorin von kritischen Arbeiten über Anne Sexton und Sylvia Plath, wurden die Wunden an meinem kreativen Geist geheilt. Sie bestätigte mir, dass ich eine starke und kraftvolle Schreibstimme hätte und dass ich als Schriftstellerin wachsen und reifen würde. Dies waren die Unterrichtsmomente, die mich inspiriert haben. Es waren nur ein paar Kurse, doch all ihre Studierenden waren nachhaltig herausgefordert, über Sexismus hinauszudenken. Ihre Lehrveranstaltungen veränderten uns alle.

Trotz solcher Sternstunden empfand ich als Schülerin wie als Studentin die Lernsituation meist als entwürdigend. Durch diese schmerzhaften Erfahrungen fühlte ich mich dann später motiviert, möglichst so zu unterrichten, dass Menschlichkeit im Vordergrund stand, dass die Lernenden sich inspiriert fühlten, damit sie zu ihrer eigenen, einzigartigen Fülle des Denkens und Seins aufsteigen konnten. Auch wenn ich eine klar definierte Aufgabe als Lehrerin hatte, war mir zu Beginn meiner Lehrtätigkeit nicht bewusst, dass die Mehrheit der Lernenden, wenn sie in den Unterricht kam, kolonisiert in ihrem Denken und ihrer Vorstellungskraft war. Ich war nicht vorbereitet auf die Tatsache, dass viele Lehrende der Idee von Bildung als Praxis der Freiheit mit Feindseligkeit begegnen würden. Zu Beginn meiner Lehrtätigkeit verfügte ich noch nicht über die Fähigkeiten, die es mir ermöglichen würden, festgefahrene Denkweisen bei den Lernenden aufzubrechen.

Mein Anliegen war die Humanisierung, die Schaffung einer Lerngemeinschaft im Kursraum und ich erkannte, dass ich, um diese Aufgabe zu erfüllen, kritisches Denken lehren musste. Trotzdem war ich, als die Studierenden begannen, durch meine Kurse ihr Denken zu ›verändern‹, besorgt, dass ich die Grenzen des Angemessenen überschreiten würde. In den Jahren ohne feste Anstellung empfand ich enormen Stress bei meinen Bemühungen, auf eine Art und Weise zu unterrichten, die von der Norm abwich. Ich hatte immer Angst vor Bestrafung. Und die schlimmste Angst war die, die Studierenden nicht zu erreichen und von allen Seiten angegriffen und attackiert zu werden. Lehrende, die sich um Bildung als Praxis der Freiheit bemühen, neigen am meisten dazu, ihrem eigenen Anspruch zuwiderzuhandeln, wenn es einzelne oder Gruppen von Studierenden gibt, die den Unterricht ständig mit negativen Fragen unterbrechen. Wenn Studierende auf meine Praxis mit Negativität reagierten (selbst wenn es nur eine kleine, lautstarke Gruppe von Studierenden war, die dies tat), spürte ich jedes Mal extreme Selbstzweifel. Doch es waren schließlich die individuellen Erfolge, ähnlich wie bei meinen eigenen Erfahrungen in Middlebrooks Kursen, die mir den Glauben zurückgaben und mich vor dem Verzagen bewahrten.

7

Zusammenarbeit

(geschrieben mit Ron Scapp)

Mit anderen Wissenschaftler:innen zusammenzuarbeiten hilft uns, die Dynamiken von Race, Gender und Klasse besser zu verstehen, und ist daher für alle unerlässlich, die über eindimensionale Denk-, Seins- und Lebensweisen hinauswachsen wollen. Meine Zusammenarbeit mit dem Philosophen Ron Scapp ist eine solche solidarische Beziehung, sowohl in freundschaftlicher Hinsicht als auch in der intellektuellen Auseinandersetzung, die es uns ermöglicht, eine umfassendere Sicht auf die Welt und die Kultur, in der wir leben, zu gewinnen. Sowohl Ron als auch ich sehen unsere Lehrtätigkeit immer im Zusammenhang mit den Kämpfen für soziale Gerechtigkeit. Wir konnten uns immer aufeinander verlassen, was Unterstützung, Kritik und Inspiration in Bezug auf unser Leben und unsere Arbeit betrifft. So wenden wir uns einander zu, um kritisches Feedback zu erhalten, sei es bei der Diskussion über die Rolle der Vorstellungskraft im Unterricht oder bei eher persönlichen Entscheidungen wie beruflichen Veränderungen und dem Ringen darum, ein gutes Leben zu führen und den eigenen Prinzipien treu zu bleiben.

Ron und ich, wir beide sind überzeugt davon, dass der Dialog der beste Weg ist, um ein klareres Verständnis der Dominanzkultur und der damit einhergehenden besonderen Dynamiken von Race, Gender, Klasse und Sexualität zu erreichen. In unseren ständigen Dialogen äußern und rekapitulieren wir, was wir im Rahmen unserer Lehrtätigkeit tun. Es ist eine kontinuierliche Übung zur Aufrechterhaltung eines kritischen Bewusstseins für das, was wir tun, wie und warum wir es tun. Die Tatsache, dass wir unsere akademischen Positionen mit dem Streben nach sozialer

Gerechtigkeit innerhalb und außerhalb der Lehre verknüpfen, hat dazu geführt, dass wir uns in einem Grenzbereich befinden: Wir gehören zur akademischen Welt und sind gleichzeitig Außenseiter:innen im Wissenschaftsbetrieb. Daher wird vieles von dem, was wir tun, ständig als verdächtig angesehen und von denen hinterfragt, die an der Macht sind und die tendenziell eher am Status quo festhalten wollen.

In einer Zeit, in der viele Menschen auf die Notwendigkeit des Dialogs hinweisen, insbesondere eines Dialogs, der Diversität fördert, wollen wir sicherstellen, dass es eine Verbindung zwischen Theorie und Praxis gibt. Allzu oft erleben wir in akademischen Kreisen, dass Kolleg:innen kaum mehr tun, als Lippenbekenntnisse abzugeben, anstatt wirklich die harte Arbeit der Kooperation zu leisten, denn dies verlangt ständige radikale Offenheit, ebenso wie die Bereitschaft, sich wirklich ändern zu wollen. Um kritisch wachsam zu bleiben, haben Ron und ich uns für einen philosophischen Ansatz des Dialogs entschieden. Das bedeutet, dass wir die Strategien des dialektischen Austauschs anwenden, bei dem es darum geht, die eigene Position, die eigenen Strategien und Werte immer wieder neu zu betrachten und zu überdenken. Auch wenn Ron und ich seit fast zwanzig Jahren auf diese Weise gemeinsam an unseren Ideen gearbeitet haben, nehmen wir immer noch sehr unterschiedliche Positionen innerhalb der Hierarchien von Race, Klasse und Gender ein. Dadurch ist es uns möglich geworden, Grenzen zu überschreiten und jene Hindernisse zu überwinden, die normalerweise eine intime intellektuelle Verbindung über die Verschiedenheit hinweg ausschließen.

Obwohl vieles in seinen Diskursen über kritische Pädagogik veraltet ist, kann Paulo Freire uns weiterhin als Wegweiser dienen, wenn es um unsere fortschrittlichen Bemühungen geht, Bildung als Praxis der Freiheit neu zu definieren. In seinem Buch *Learning to Question. A Pedagogy of Liberation* erinnert er uns daran, dass wir, wenn wir uns aus unserer begrenzten individuellen Alltagswelt hinausbegeben und uns für verschiedene kulturelle Räume und Sichtweisen öffnen, wir immer bereit sein müssen, »ehrliche Antworten« auf die Fragen zu geben, die typischerweise ein gegenseitiges Verständnis über Unterschiede hinweg verhindern. In unserem Gespräch in *Gemeinschaft leben lernen. Bildung als Praxis der Hoffnung* haben wir betont, wie wichtig es ist, Vertrauen aufzubauen und zu erhalten. Dies bedeutet, dass wir verstehen müssen, dass das Wesentliche für uns darin besteht, über unsere Unterschiede hinweg einen Dialog zu führen, der uns beide bereichert.

Wir befassen uns immer wieder mit der Frage des Vertrauens, denn die häufigste Klage, die wir von People of Color darüber hören, ob sie sich in der Lage und bereit fühlen, Solidarität über Unterschiede hinweg anzustreben, ist ihre Angst, dass man weißen Menschen nicht trauen kann, insbesondere privilegierten weißen Männern nicht. Und es stimmt auch, dass die rassistische Konditionierung viele Weiße dahingehend sozialisiert hat, dass sie People of Color gegenüber misstrauisch sind, vor allem dann, wenn wir uns weigern, in den engen Grenzen rassistischer Vorstellungen vom Selbst und von Identität zu verharren. Was Ron und ich bei der ständigen Neubewertung und Bekräftigung unserer Bindung gelernt haben, ist, dass Vertrauen nicht statisch ist, dass es immer wieder gestärkt werden muss – durch das, was wir bereit sind zu tun, um unsere Verbundenheit zu würdigen und sie zu schützen.

Bei seiner Arbeit wird Ron oft von skeptischen Menschen angefeindet, die das Gefühl haben, dass er das Engagement für die Beendigung der Herrschaft, wie er es in seinen Veröffentlichungen mit mir bekundet, nicht wirklich lebe. Was sie nicht verstehen, ist, dass es nicht nur einen einzigen Weg gibt, wie wir für die Erziehung zur Freiheit kämpfen können. Unsere gemeinsame Anstrengung, uns gegenseitig herauszufordern, aber auch zu unterstützen, ist ein kontinuierlicher Ausdruck kritischen Widerstands, doch sie spiegelt zwangsläufig auch unsere Unterschiede, unsere jeweils ganz eigenen Standorte wider. Und so nimmt unser Widerstand notwendigerweise unterschiedliche Formen an. Ron arbeitet weiterhin an einer Institution in einer großen Stadt, während ich umgezogen bin und an einem kleinen christlichen College für weniger begüterte Studierende in meinem Heimatstaat Kentucky lehre. Ron hat zwar ständig daran gearbeitet, genau die Privilegien zu untergraben, die ihm selbst innerhalb des imperialistischen Patriarchats der weißen Vorherrschaft ohne weiteres zugestanden werden, indem er seine Macht in einer Weise einsetzt, die die Herrschaftsstrukturen tatsächlich untergräbt. Doch er gibt niemals vor, dass es keine Ausrutscher und Momente gibt, in denen er weiterhin von dem System, das er kritisiert, profitiert. Aus diesem Grund ist unser Projekt des kontinuierlichen gemeinsamen kritischen Denkens von entscheidender Bedeutung. Nur so können wir unser Engagement für die Freiheit aller aufrechterhalten, während wir um die Wahrung unserer Integrität in Systemen kämpfen, die abweichende Stimmen nicht zu schätzen wissen.

Meine beruflichen Weichenstellungen haben mich von der universitären Vollzeitlehrtätigkeit immer weiter weg geführt. Doch jede wichtige berufliche Entscheidung, die ich getroffen habe, wurde von uns beiden ernsthaft abgewogen. Aufgrund von Rons privilegierter Stellung in Bezug auf Race und Gender (er hat in Institutionen als hochrangiger Verwaltungsbeamter gearbeitet), versteht er oft besser, wie das System funktioniert und auch, was getan werden kann, um es zu unterminieren. Ohne meine Freundschaft mit Ron wäre ich vielleicht nicht an der Universität geblieben. In meinen dunkelsten Stunden, als ich mich innerhalb der akademischen Institutionen systematisch angegriffen fühlte, als ich glaubte, dass meine einzige Hoffnung zu überleben und gesund zu bleiben, darin bestand, der Wissenschaft den Rücken zu kehren, legte Ron mir die Argumente dar, warum es für mich wichtig sei, weiter zu lehren. Er hob hervor, dass meine bloße Anwesenheit bereits ein Lehrstück sei, wie auch meine Arbeit, weil beides die Praxis der engagierten Pädagogik verkörpere. Er ist immer bereit, mich darauf aufmerksam zu machen, wie positiv Lernende und Lehrende meine Arbeit anwenden und wie sie als Intervention wirkt. Ron sagt, sie bekräftigt das, was wir laut Freire tun müssen: uns bemühen, die »Hoffnung aufrechtzuerhalten, auch wenn die Härte der Realität das Gegenteil nahelegt«. Gleichzeitig ist es für Ron viel wahrscheinlicher, dass er sich in ein akademisches Umfeld begibt, in dem seine Integrität gefährdet ist und er eigentlich mehr positive Aufmerksamkeit und Belohnung erhalten könnte. Doch in seinem Bestreben, sein radikales Engagement aufrechtzuerhalten, erfährt er immer wieder von Neuem Unterstützung – zum einen durch unseren kritischen Dialog und zum anderen durch die ständige Auseinandersetzung mit progressiven Studierenden, die ihn herausfordern und kritisieren.

Unser gemeinsamer Dialog ist sowohl öffentlich als auch privat. Wir bemühen uns unsere Vision der Solidarität in die Realität umzusetzen, damit wir allen ein Beispiel dafür geben können, dass Solidarität über

Unterschiede hinweg nicht nur möglich, sondern notwendig ist. Wir sehen, dass Lehrende und Lernende das, was wir getan haben und tun, als positives Beispiel und bewusstes Bekenntnis begreifen. Zeigt es doch konkret, was alles möglich ist, wenn wir die antirassistischen und antisexistischen Prinzipien anwenden, die unser aller Leben verändern können und uns die Hoffnung geben, dass eine andere Zukunft möglich ist. Wir glauben, dass die kritische Pädagogik, die wir hier leben, einen kleinen Teil der kulturellen Revolution darstellt, die es möglich gemacht hat, dass ein Afroamerikaner Präsident dieser krisengeschüttelten Demokratie geworden ist. Rons Bereitschaft, sich für Zusammenarbeit zu engagieren, dient auch als Modell dafür, auf welche Weise kritisch denkende Menschen eine Stimme für den Wandel darstellen können. Wenn wir uns eine Zukunft des globalen Friedens und der Gerechtigkeit vorstellen, müssen wir alle erkennen, dass Zusammenarbeit die beste Methode ist, um es allen zu ermöglichen, eine neue Sprache der Gemeinschaft und wechselseitigen Partnerschaft zu finden.

8

Das Gespräch

Engagierte Pädagogik führt zu selbstgesteuertem Lernen, dazu, dass Lehrende wie Lernende in der Lage sind, sich voll und ganz an der Ideenproduktion zu beteiligen. Als Lehrende haben wir die Aufgabe, unsere Studierenden in das Abenteuer des kritischen Denkens mitzunehmen. Indem wir gemeinsam lernen und miteinander sprechen, brechen wir mit der Vorstellung, dass unsere Erfahrung des Wissenserwerbs privat, individualistisch und wettbewerbsorientiert ist. Indem wir den Dialog wählen und fördern, gehen wir eine wechselseitige Lernpartnerschaft ein. Leider wird der Unterrichtsstoff meistens von den Lehrenden präsentiert und von den Lernenden bloß passiv aufgenommen. Sie prägen sich entweder ein, was die Lehrperson sagt, oder sie machen sich Notizen, um sich zu erinnern. Die meisten Lernenden lesen diese Notizen jedoch nur selten noch einmal, wenn die Lehrveranstaltung beendet ist. Nachdem sie den Stoff erfolgreich wiedergekäut haben, verspüren sie kein Bedürfnis, ihr Wissen dauerhaft zu bewahren; es hat ja schließlich seinen Zweck erfüllt, nämlich den in der Prüfung gestellten Anforderungen zu genügen. Wenn ich auf meine Studienzeit zurückblicke, erinnere ich mich nicht an die Qualität und den Inhalt des Dargebotenen, sondern vielmehr an die anschließenden Unterrichtsdiskussionen.

Vieles, was wir im täglichen Leben lernen, erfahren wir durch Gespräche. Als didaktisches Instrument, sowohl innerhalb als auch außerhalb des Unterrichts, ist das Gespräch wunderbar demokratisch. Alle reden, alle beteiligen sich am Gespräch. In seinem Buch *Learning Redefined* preist Dennis Rader die Macht des Gesprächs: »Das Gespräch beinhaltet Dialog, den Austausch von Einsichten und Deutungen in dem Bemühen, Wissen aufzubauen. Das Gespräch ist immer inklusiv; es ermutigt und stärkt die individuelle Stimme, während es zugleich danach strebt, eine Gemeinschaft von Visionen zu entwickeln.« Unabhängig davon, wie wir in Bezug auf Race, Klasse und Gender gelesen werden, wir alle beteiligen uns an Gesprächen. Und wir alle erinnern uns an gute Gespräche, bei denen der gegenseitige Ideen- und Gedankenaustausch unser Verständnis verbessert, unsere Fähigkeit zu kritischem Denken angeregt und den dialektischen Austausch gefördert hat.

Ein großer Teil meiner derzeitigen Lehrtätigkeit beginnt mit einem längeren Vortrag. Auch wenn ich nichts dagegen habe, Vorträge zu halten, finde ich, dass der Monolog als Instrument am wenigsten nützlich ist, wenn es um die Vermittlung von Ideen geht. Da den meisten Menschen die Fähigkeit zum aktiven Zuhören fehlt, gehen viele Informationen, die in einem Vortrag geliefert werden, verloren. Außerdem stelle ich oft fest, dass das, was nicht verloren geht, missverstanden wird. Deshalb liegt die Zukunft des Lernens in der Kultivierung von Gesprächen, von Diskussionen. Ich stimme Rader zu, wenn er sagt, dass »Gespräche die Intelligenz der anderen zum Vorschein bringen, während Präsentationen lediglich die Intelligenz der Vortragenden – oder den Mangel daran – zur Schau stellen«. Und was am wichtigsten ist: Wenn ich mit Lehrenden und Lernenden darüber spreche, wie und wann die ekstatischsten Momente des Lernens entstehen, wird das Gespräch immer wieder an erster Stelle genannt.

Diejenigen von uns, die den Wert des Gesprächs als Schlüssel zum Wissenserwerb anerkennen, wissen auch, dass wir in einer Kultur leben, in der es vielen Menschen an grundlegenden Kommunikationsfähigkeiten mangelt, weil sie die meiste Zeit Informationen nur passiv konsumieren. Fernsehen und Computer haben dazu beigetragen, passives Lernen zu fördern. Aus vielen feministischen Theoriebeiträgen, die sich kritisch mit Männlichkeitskonstruktionen auseinandersetzen, wissen wir, dass die Gesellschaft, um Jungen zu patriarchalen Männern zu machen, sie dazu erzieht, das Schweigen dem Sprechen vorzuziehen. Dadurch kann es passieren, dass sie zu Menschen werden, die entweder kein Gespräch führen können oder, wenn sie sprechen, nur Monologe halten können.

Das sind die Menschen, die auf uns einreden, während sie sich echten Gesprächen verweigern und damit eine hierarchische Herrschaftsstruktur fördern und aufrechterhalten, in der das Nichtsprechen einer Person Macht über eine andere Person verleiht. Hingegen hat ein echtes Gespräch immer etwas mit Geben zu tun. Es geht dabei um das Teilen von Macht und Wissen; somit ist es ein zutiefst kooperatives Unterfangen.

In einer Gruppendiskussion mit Paulo Freire vor mehr als dreißig Jahren hörte ich ihn mit Nachdruck sagen, dass »wir nicht als Objekte in den Kampf eintreten können, um später Subjekte zu werden«. Diese Aussage berührte mich in meinem Innersten. Sie bestätigte mir, wie wichtig es ist, eine Stimme zu finden und sie zu erheben. Sprechen zu können, in der Lage zu sein, die Dinge zu benennen, war ein Weg, die eigene Subjektposition zu behaupten. Viele Lernende haben oft das Gefühl, keine Stimme zu haben, dass sie nichts zu sagen hätten, was es wert sei, gehört zu werden. Aus diesem Grund ist das Gespräch eine so wichtige Methode der Intervention, denn es schafft nicht nur Raum für jede Stimme, sondern geht von vornherein davon aus, dass alle Stimmen gehört werden können.

Ein gesprächsbasiertes Modell des Lernens ist besonders nützlich, wenn eine Lerngruppe divers ist. Denn wir sind alle bis zu einem gewissen Grad so sozialisiert, dass wir uns wohl fühlen, wenn wir uns unterhalten, wenn wir einem Gespräch zuhören oder selbst etwas beitragen können, sodass es weniger wahrscheinlich ist, dass defensive Barrieren errichtet werden. Bei Unterrichtsdiskussionen, die keine Gespräche sind, herrscht oft das Gefühl vor, dass Streit und Konfrontation die einzigen Möglichkeiten sind, relevante Themen anzusprechen. Negative, auf Konflikten basierende Diskussionen laden jedoch fast immer dazu ein, sich abzuschotten, während das Gespräch als eine Form der Interaktion uns dazu auffordert, unseren Geist zu öffnen. Allzu oft befürchten Lehrende, dass, wenn im Unterricht ein Gespräch aufkommt, die Diskussion über die vorgegebene Lektüre und über das, was wichtig ist – zumindest für sie –, zu kurz kommt. Und dabei ist es in Wirklichkeit so, dass ein achtsames Gespräch, eine kraftvolle und energiegeladene Unterhaltung, immer das beleuchtet, was wirklich wichtig ist. Wenn Gespräche im Unterricht zu einer intensiven Diskussion führen, entwickeln die Lernenden ein größeres Bewusstsein für den ihnen vermittelten Stoff. Rader ist der Ansicht, dass »Gespräche – echte Gespräche – uns helfen, Gifte wie beispielsweise falsche Annahmen, Vorurteile, Unwissenheit, Missverständnisse, fehlende Perspektiven, mangelnde Vorstellungskraft und Starrsinn aus unserem System zu entfernen«. Es ist zwar nicht produktiv, sich auf negative Diskussionen einzulassen, bei denen die Absicht eher darin besteht, einen Streit zu gewinnen als Ideen auszutauschen, aber Gespräche, die für uns lehrreich sind, können durchaus laut und energisch, ja sogar heftig sein. In ihrem Buch *Fierce Conversations. Achieving Success at Work and in Life, One Conversation at a Time* fordert die Autorin Susan Scott uns auf, das Wort ›heftig‹ zu überdenken, und erklärt, dass »in Rogets Thesaurus (...) das Wort heftig (Anm. d. Ü.: engl. »fierce«) die folgenden Synonyme hat: robust, intensiv, stark, kraftvoll, leidenschaftlich, eifrig, ungezügelt, ungebändigt, ungezähmt«. Ein solches Gespräch kann sehr wohl eine Lernerfahrung sein und Spaß machen. Es kann dazu führen, dass uns das erworbene Wissen erhalten bleibt und uns befähigt, Angst und Unsicherheit zu überwinden und zu Mitgefühl und Verbundenheit zu finden. Mitgefühl schafft einen Geist der Toleranz; es verstärkt die Sehnsucht nach Kommunikation, nach Verstehen.

Mit Nachdruck stellt Rader fest, dass Gespräche das Verstehen fördern, und dies ist für ihn »eine andere Art von Wissen, das sich des Ganzen und seiner interaktiven Variablen bewusster ist«. Zur weiteren Erläuterung führt er folgende Erkenntnis an: »Gespräche sind mächtig. Sie können uns zu anderen Definitionen und auf andere Wege führen. Sie helfen uns, komplizierte Dinge aus verschiedenen Perspektiven zu betrachten, indem wir sie drehen und wenden, um ein neues Verständnis zu entwickeln.« Gespräche sind nicht eindimensional, sondern sie konfrontieren uns immer mit unterschiedlichen Sichtweisen und Erkenntnissen. Nach Rader erzeugen sie »Engagement und Beteiligung«.

Viele der Ideen in diesem Essay und in diesem Buch wurden in Gesprächen zwischen mir und dem Pädagogen Dennis Rader erörtert. Wenn ich das Gefühl hatte, dass meine inneren Denkprozesse nicht so energiegeladen waren, wie ich es mir wünschte, sprach ich mit Dennis und gewann wieder neue Energie. Als ich diesen kurzen Aufsatz schrieb, begann ich mich zu sorgen, dass es unmöglich war zu erkennen, wo meine Gedanken endeten und seine begannen. Das hat mich wieder zum Nachdenken über die demokratische Natur des Lernens durch Gespräche angeregt. In akademischen Kreisen wird viel über geistiges Eigentum geredet. Der Wettbewerb um akademisches Ansehen führt dazu, dass die Einzelnen das verzweifelte Bedürfnis haben, als diejenigen angesehen zu werden, die als erste eine Idee hatten. In Wirklichkeit sind Ideen immer im Umlauf. Und sie werden ständig weiterentwickelt, wenn wir uns für kritische Reflexion und innere Zwiesprache öffnen, denn dies verleiht dem gemeinsamen Gedanken neuen Ausdruck.

In den von mir geleiteten Workshops über das Unterrichten kommt es häufig zu Diskussionen. Was die Teilnehmenden daran besonders anspricht und ihnen intellektuelle Nahrung bietet, sind die in den Gesprächen zum Ausdruck gebrachten Erkenntnisse. Vieles von dem, woran wir uns erinnern, was im Gedächtnis haften bleibt, erwächst aus Gesprächen. Ich hoffe, dass Lehrende künftig mehr und mehr ins Gespräch kommen, miteinander und mit den Lernenden, und dass der hohe Stellenwert des Gesprächs als Lernmethode und als Form ernsthaften und gründlichen Denkens erkannt wird.

9

Die Geschichte erzählen

Das Erzählen von Geschichten ist eine der Möglichkeiten, wie wir den Prozess der Gemeinschaftsbildung anstoßen können, sei es innerhalb oder außerhalb des Unterrichts. In einer Lehrveranstaltung können wir sowohl wahre als auch fiktive Geschichten erzählen, die uns helfen, uns gegenseitig zu verstehen. Jahrelang war ich zögerlich, wenn es darum ging, persönliche Geschichten zu erzählen. Denn entsprechend dem im höheren Bildungswesen vorherrschenden Denken war ich darauf trainiert worden, zu glauben, dass eine Person, die sich auf eine persönliche Geschichte als Beleg für eine Idee stützt, niemals wirklich eine Wissenschaftlerin und/oder Intellektuelle sein kann. Vielmehr galt das Erzählen einer persönlichen Geschichte, um ein Argument zu belegen oder zu begründen, als Zeichen dafür, dass sich die betreffende Person nicht mit harten Fakten befasste, nicht wissenschaftlich genug war. Ich bin dankbar, lange genug gelebt zu haben, um zu erfahren, wie viele der Informationen, die uns vermittelt wurden und von denen gesagt wurde, sie seien exakte Wissenschaft oder reine Fakten, in Wirklichkeit bloß Geschichten waren, Interpretationen von Daten und Fakten. Wenn die vermittelten Informationen, vor allem in der harten Wissenschaft, im Widerspruch zu den Daten standen, die als unumstößliche Fakten galten, änderte sich einfach die Geschichte.

Ich bin dankbar, dass ich diesen Moment in der Geschichte unserer Kultur noch miterleben darf, in dem wir durch die Wissenschaft mehr über unser Gehirn und die Art und Weise, wie es Informationen verarbeitet, wissen, ebenso wie über die Geschichten, die es erzählt und die es uns zu erzählen erlaubt. In ihrem Buch *The Story Factor. Inspiration, Influence, and Persuasion through the Art of Storytelling* schreibt Annette Simmons dazu:

> »Geschichten sind ›wahrer‹ als Fakten, denn Geschichten sind multidimensional. ›Die Wahrheit‹ ist vielschichtig. Wahrheiten wie Gerechtigkeit oder Integrität sind zu komplex, um in einem Gesetz, einer Statistik oder einem Sachverhalt ausgedrückt zu werden. Fakten brauchen den Kontext von Wann, Wer und Wo, um zu ›der Wahrheit‹ zu werden. Eine Geschichte beinhaltet das Wann und Wer – sie dauert Minuten oder Generationen lang, und sie schildert ein Ereignis oder eine Reihe von Ereignissen mit Figuren, Handlungen und Konsequenzen. Sie spielt an einem Ort oder an mehreren Orten, die uns ein Wo geben.«

Geschichten verzaubern und verführen uns, weil sie durch ihre Mehrdimensionalität so magisch sind. Ich habe viele Geschichten über meine Kindheit erzählt, sei es beim Schreiben von Memoiren, beim Verfassen feministischer Theorie oder in Texten über Rassismus und Klassismus. Erinnerungsfragmente, und manchmal auch ziemlich große Brocken, haben mir als Anregung für kritische Essays, Kulturkritik und Bücher für Kinder gedient. Doch bei jedem Buch, das ich veröffentlicht habe, gibt es ein Geschwisterkind, das mich nach der Lektüre mit Nachdruck daran erinnert, dass das, was ich beschreibe, nie wirklich passiert ist, oder dass es nicht so passiert ist, wie ich es beschreibe. Und dies geschieht, obwohl ich meinen Geschwistern immer wieder deutlich gemacht habe, dass es keine absolute Wahrheit gibt, dass wir alle das glauben, was wir aus unserer Perspektive sehen, und dass die individuelle Perspektive immer begrenzt ist.

Sich an Geschichten zu erinnern, ist für Wissenschaftler:innen und Schriftsteller:innen ein so wichtiges Instrument. Anstatt anzunehmen: »Ich denke, also bin ich«, denke ich lieber, dass ich bin, weil es diese Geschichte gibt. Die Geschichten, die ich darüber erzähle, wer ich bin, machen das Ich aus, wie ich es sehe, so wie ich es erzähle. Für mich verleihen Geschichten den Texten eine Intimität, die oft nicht vorhanden ist, wenn einfach nur Theorie geboten wird. Wer mein Werk in seiner Gesamtheit liest, weiß, dass es anfangs nur sehr wenige persönliche Geschichten enthielt, wenn überhaupt. Ich begann jedoch zu erkennen, dass ich, wenn ich theoretische Texte schreiben und insbesondere, wenn ich feministische Theorie entwickeln wollte, die über die Grenzen von Race, Gender, Klasse und Bildungsniveau hinweg gelesen werden würde, ich einen gemeinsamen Ausgangspunkt schaffen müsste. Ich habe an anderer Stelle darüber geschrieben, wie oft ich zu Beginn meiner Karriere vor Zuhörenden gesprochen habe, von denen mir gesagt worden war, sie seien nicht an ›Theorie‹ interessiert. Doch dann stellte ich immer wieder fest, dass meine Ideen besser aufgenommen wurden, wenn ich mein Publikum darauf einstimmte, herkömmliche Denkmuster zu ändern, indem ich eine Geschichte erzählte, um die entscheidenden Punkte zu illustrieren. Dies veränderte die Art meines Schreibens. Es veränderte auch mein Leben.

Denn durch das Schreiben verschiedener Geschichten über mein Ich und das Erzählen dieser Geschichten in Büchern und in Therapiesitzungen begann meine verletzte Seele zu heilen. Der Seelenmord, den ich als Kind empfunden hatte, war nicht länger das Kennzeichen meines Wesens, denn durch das Erzählen von Geschichten hatte ich einen erlösenden Raum betreten. Es eröffnete sich mir eine Welt, in der meine Seele Rettung finden konnte. Langsam nahm ich die zerbrochenen Teile meiner Psyche und setzte sie wieder zusammen, wobei ich neue und andere Geschichten – befreiende Erzählungen – schuf. Der Text eines Liedes, das wir in der traditionellen Schwarzen Kirche singen, beschreibt diese Veränderung: »My soul looks back and wonders – how I got over« (Meine Seele schaut zurück und staunt, wie ich darüber hinweggekommen bin). Dieses Lied handelt vom Überleben und von Triumph; freudig kündet es von dem Gefühl des Staunens, das entsteht, wenn wir ein Trauma überwinden und uns wieder ganz fühlen.

Die Veränderungen in meinem Prozess der Selbstfindung und des persönlichen Wachstums haben auch meine Unterrichtstätigkeit verändert. Da ich festgestellt hatte, dass Geschichten den Lernenden helfen, kritisch zu denken, erzählte ich meine Geschichten und ermutigte sie, ihre eigenen Geschichten zu erzählen. Wir haben spontan Absätze geschrieben, die wir uns dann gegenseitig vorgelesen haben. Eine solche Übung ermöglicht es uns, jede einzelne Geschichte zu hören und gibt uns auch die Gelegenheit, die Stimme jeder einzelnen Person zu hören.

Aktives Zuhören bringt uns einander näher. Die Studierenden hören den Geschichten der anderen mit einer Intensität zu, die während eines Vortrags oder einer Unterrichtsdiskussion nicht immer gegeben ist. Eine der Möglichkeiten, wie wir zu einer Lerngemeinschaft werden, besteht darin, dass wir unsere Geschichten miteinander teilen und uns gegenseitig zuhören; es ist ein Ritual zur Schaffung von Verbundenheit, das unseren Geist und unsere Herzen öffnet. Wir tauschen uns auf eine Art und Weise aus, die uns hilft, uns zu verbinden und lernen einander besser kennen. Dennis Rader beschreibt, wie Geschichten uns helfen, die Komplexität von Konflikten und Paradoxien zu bewältigen: »Geschichten bieten uns einen Rahmen, in dem wir ein Bewusstsein für den größeren Kontext erlangen. Wenn wir die Geschichte kennen, sehen und verstehen wir das zuvor Verborgene oder falsch Interpretierte (...). Geschichten können anregen, informieren und unsere Gespräche bereichern (...). Geschichten vermitteln ein Gefühl von Gemeinschaft, ein Gefühl des Zusammenhalts durch gemeinsame Anliegen, Werte und Fragestellungen.« Sie werden zu den Funken, die die Leidenschaft für das Lernen neu entfachen.

Geschichten können uns auch bei unserer Heilung helfen. Wenn Menschen psychotherapeutische Hilfe in Anspruch nehmen, geht es in vielerlei Hinsicht um das Erzählen von Geschichten. Therapeut:innen hören sich die Geschichten ihrer Klient:innen an und versuchen, Verbindungen zwischen Vergangenheit und Gegenwart aufzuzeigen, um die Heilung zu fördern. Im Unterricht verknüpfen wir unsere Geschichten mit dem Lernstoff und nutzen sie, um die Thematik zu veranschaulichen. Wenn wir beim Erzählen von Geschichten emotionale Intelligenz einsetzen, schärft das unser Bewusstsein und unsere Wahrnehmung.

Hier ist eine meiner Lieblingsgeschichten, eine Geschichte, die ich als lehrreich empfinde und die mir hilft. Dies ist meine Version; es gibt viele Arten, wie man diese Geschichte erzählen kann: Eine lernende Person, die den Prozess der Selbstfindung besser verstehen will, geht zur Lehrkraft und sagt: »Ich leide oft unter einem gespaltenen Bewusstsein, unter einem Mangel an Übereinstimmung zwischen dem, was ich denke, sage und tue. Wie kann ich dieses Leiden beenden?« Die Lehrperson antwortet, dass allen Menschen potentiell von dieser Spaltung betroffen sind. Denn in uns allen gibt es ein »krankes Selbst und ein Selbst, das darum kämpft, gesund zu sein, und sie befinden sich im Konflikt miteinander.« Als die lernende Person fragt, welches Ich den Konflikt gewinnt, antwortet die Lehrperson: »Das Ich, dem du Nahrung gibst.« Diese Geschichte ist für mich eine gute Erinnerung daran, dass wir nicht nur die Wahl haben, wie wir die Realität wahrnehmen, sondern auch, wie wir sie erschaffen. Sie zeigt mir, dass ich meine Realität sowohl durch die Entscheidungen, die ich treffe, als auch durch all das, was ich mir vorstelle, denke und glaube, selbst bestimmen kann. Es gibt Tage, an denen ich mich verloren fühle und feststelle, dass ich zu einem achtsamen Bewusstsein zurückkehren kann, indem ich diese Geschichte erzähle und mir selbst die Aufgabe stelle, herauszufinden, welchen Teil von mir ich gerade nähre.

Geschichten helfen uns, eine Verbindung zu einer Welt herzustellen, die über unser Selbst hinausgeht. Beim Erzählen unserer Geschichten stellen wir Verbindungen zu anderen Geschichten her. Wenn wir in Länder reisen, deren Sprache wir vielleicht nicht sprechen, kommunizieren die meisten von uns, indem sie eine Geschichte erschaffen, eine, die wir vielleicht sogar ganz ohne Worte erzählen. Wir zeigen eventuell durch Gesten, was wir meinen. Dabei wird deutlich, dass das Leben in der globalen Gemeinschaft von Geschichten getragen wird. Eine kraftvolle Art und Weise, wie wir uns mit einer diversen Welt verbinden können, besteht darin, dass wir uns die verschiedenen Geschichten anhören, die uns erzählt werden. Diese Geschichten sind auch eine Form des Wissens. Daher liegt in ihnen nicht nur unendlich viel Kraft, sondern sie bergen auch die Kunst des Möglichen in sich. Wir brauchen mehr Geschichten.

10

Die Geschichte teilen

Die zeitgenössische feministische Bewegung hat immer wieder darauf beharrt, dass »das Private politisch ist«, und dies hat die akademische Lehre grundlegend verändert. Es führte zu der Erkenntnis, dass Erfahrungen ebenso schätzenswert sind wie sachliche Informationen und dass im Lernprozess in der Tat Raum für das Erzählen der eigenen Geschichte sein muss. Es mag sein, dass das persönliche Bekenntnis in einigen Extremfällen zum Hauptgegenstand der Unterrichtsdiskussion wurde, dass die verpflichtende Unterrichtslektüre in solchen Lehrveranstaltungen womöglich zu kurz kam und die Studierenden stattdessen nur ihre persönlichen Geschichten austauschten. Derartige Fälle waren jedoch äußerst selten. Diejenigen, die das Einbringen persönlicher Erfahrungen in den Unterricht kritisieren, behaupten gerne, dass der Unterricht dadurch nicht mehr wissenschaftlich sei oder die Studierenden dann nicht mehr zu intellektueller Arbeit angeregt würden. Das stimmt einfach nicht.

In allen Unterrichtsfächern, auch in den Naturwissenschaften, verwenden die Lehrenden Geschichten, meist in Form von Anekdoten, um Sachverhalte zu veranschaulichen und um vielleicht abstrakte Informationen zu verdeutlichen. Denn Geschichten und insbesondere persönliche Geschichten zählen zu den wirkungsvollsten Instrumenten, um Wissen zu vermitteln und Gemeinschaft im Unterricht zu schaffen. Dies gilt besonders heute, wo die Lehrveranstaltungen immer diverser geworden sind. Früher waren Colleges und Universitäten hauptsächlich von Weißen der Mittel- und Oberschicht, meist Männern, bevölkert. Die Lerngruppen hatten eine homogenere Zusammensetzung, und die Studierenden waren in gewissem Maße bereits mit den persönlichen Geschichten der anderen vertraut. Doch wenn die Lehrveranstaltungen diverser werden, ist es einfach wahrscheinlicher, dass es zu Konflikten und Auseinandersetzungen kommt. Je vielfältiger eine Lerngruppe, desto größer ist die Wahrscheinlichkeit, dass es unterschiedliche Wissensstände gibt, und folglich können sich die Lehrenden nicht auf eine gemeinsame Wissensbasis verlassen, um Gemeinschaft herzustellen.

Erst wenn Lernende durch den Austausch von Erfahrungen mehr übereinander wissen, kann eine Grundlage für gemeinschaftliches Lernen entstehen. Dabei ist es immer die Aufgabe der Unterrichtenden, dafür zu sorgen, dass die Nutzung von Erfahrungen als Lernwerkzeug nicht die Lektüre von Texten verdrängt. In der Regel lasse ich die Studierenden kurze Absätze schreiben, die sich auf die Aufgaben beziehen, und ich ermuntere sie, darin ihre persönlichen Erfahrungen mitzuteilen und ihren Mitstudierenden vorzulesen, was sie geschrieben haben. Das Lesen eines kurzen Absatzes nimmt nicht so viel Zeit in Anspruch wie spontane Momente des persönlichen Bekenntnisses. Und wenn ich mehr über die Lernenden erfahre, weiß ich besser, wie ich ihnen in meiner Rolle als Lehrperson dienen kann.

In allen Fällen, in denen ich Studierende auffordere, persönliche kurze Texte zu schreiben, entweder als Vervollständigung von Satzanfängen oder als Antwort auf eine Frage, schreibe ich selbst auch einen Absatz. Für eine Lerngemeinschaft ist es wichtig, dass unnötige Hierarchien abgebaut werden. Um es ganz deutlich zu sagen: Solange die Lehrkraft die einzige Person ist, die die Arbeit der Studierenden bewertet und benotet, wird unser Status im Unterricht niemals der von Gleichgestellten sein. Das bedeutet jedoch nicht, dass wir autoritär sein oder über die Studierenden herrschen sollten. Es bedeutet vielmehr, dass wir Lehrenden immer bereit sein müssen, unsere Macht im Unterricht zu erkennen. Wir sollten uns nicht der falschen Vorstellung hingeben, dass alle unsere Stimmen gleich viel Gewicht haben. Doch wenn Professor:innen den Mut haben, ihre persönlichen Erfahrungen auf eine Art und Weise mitzuteilen, die den Lehrstoff besser veranschaulicht, tragen sie dazu bei, den Grundstein für den Aufbau einer authentischen Lerngemeinschaft zu legen. Indem wir uns öffnen und uns damit verletzlich machen, zeigen wir unseren Studierenden, dass auch wir Risiken eingehen und verletzlich sein können, dass sie darauf vertrauen können, dass ihre Gedanken und Ideen angemessen berücksichtigt und respektiert werden.

Wenn alle in einer Lerngruppe, auch die Lehrenden, persönliche Erfahrungen teilen, wird die Einzigartigkeit einer jeden Stimme gehört. Denn selbst wenn nur zwei Personen über die gleichen Erfahrungen schreiben und sprechen, gibt es immer einen einzigartigen Aspekt, ein Detail, das die eine Erfahrung von der anderen unterscheidet. Natürlich müssen die Studierenden, sofern sie diese Fähigkeit noch nicht besitzen, lernen, wie sie das persönliche Bekenntnis in den Unterricht einbinden und als Mittel nutzen können, um die Lerninhalte besser zu verstehen. Mangelt es an dieser Fähigkeit, dann droht das persönliche Bekenntnis zu einer bloßen Form von Exhibitionismus oder sogar zu einem Wettbewerb zu verkommen, bei dem die Studierenden aktiv darum wetteifern, wer die beste oder denkwürdigste Geschichte erzählt. Wenn der Austausch von persönlichen Erfahrungen von den Studierenden nur als Möglichkeit wahrgenommen wird, um den Unterricht zu behindern und von der vorgegebenen Lektüre abzulenken – in der Regel, weil ein oder mehrere Studierende die geforderten Arbeitsaufgaben nicht erledigt haben –, dann beeinträchtigt dies eindeutig das Lernen. Wettbewerb im Unterricht ist für alle Beteiligten hinderlich. Er reduziert das Lernen auf ein Spektakel und zwingt einige Lernende dazu, nur passiv Beobachtende zu sein, während andere die Diskussion in der Gruppe dominieren.

Eine der häufigsten Klagen, die ich von Professor:innen über ihre Lehrveranstaltungen höre, sind die Schwierigkeiten, mit denen sie konfrontiert sind, wenn die Studierenden einfach nichts sagen wollen. Denn oft haben sie Angst, von den Lehrenden und/oder Mitstudierenden beschämt zu werden. Leider geschieht dies besonders in solchen Kursen, in denen die Lehrpersonen behaupten, ihnen sei sehr daran gelegen, dass die Studierenden reden, sich aber in Wirklichkeit davor fürchten, ihnen zuhören zu müssen. Ein Aspekt dieses Unwillens ist die schlichte Angst, dass die Studierenden über Anliegen und Probleme sprechen könnten, zu denen sie vielleicht nichts sagen können. Wenn den Studierenden die Möglichkeit geboten wird, sich an Diskussionen zu beteiligen, in denen persönliche Erfahrungen einbezogen oder womöglich sogar in den Mittelpunkt gestellt werden, sind sie eher in der Lage und bereit, sich zu äußern. Wie bereits erwähnt, bin ich ein großer Fan davon, die Studierenden kurze Texte schreiben zu lassen, die sie dann im Unterricht vorlesen, weil diese Übung allen die Möglichkeit gibt, sich zu äußern, und in der Regel eine gute Grundlage für eine engagiertere Diskussion über die im Kurs zu lesende Literatur schafft.

Von den persönlichen Erfahrungen der anderen im Unterricht zu hören, fördert eine Atmosphäre des Miteinanders und des tiefen Zuhörens. Letztlich sind die möglichen negativen Konsequenzen, die sich ergeben können, wenn Lehrende den Austausch persönlicher Erfahrungen zulassen, gering im Vergleich zu den positiven Effekten, die sich ergeben, wenn ein solcher Austausch dazu beiträgt, eine Gemeinschaft des Lernens zu schaffen und die Erkenntnismöglichkeiten zu erweitern.

11

Fantasie

Nur selten sprechen Lehrende über die Rolle, die die Fantasie bei der Schaffung und Aufrechterhaltung eines engagierten Unterrichts spielt. Da die eigentliche Unterrichtsarbeit zu einem großen Teil aus der Vermittlung von Fakten und Informationen besteht, wird die Rolle der Vorstellungskraft leicht vernachlässigt. Und doch kann das, was wir uns nicht vorstellen können, nicht Wirklichkeit werden. Wir brauchen Fantasie, um jene Bereiche zu beleuchten, die nicht durch Daten, Fakten und gesicherte Informationen belegt sind. In seinem unveröffentlichten Manuskript »Learning Redefined« argumentiert Dennis Rader, dass Lehrende ihr Denken darüber ändern müssen, was das Lernen ausmacht. Es ist für uns von entscheidender Bedeutung, zu verstehen, dass die Fantasie kultiviert und stimuliert werden muss und dass dies Initiative erfordert. Er lenkt die Aufmerksamkeit auf Pädagog:innen, die uns daran erinnern, dass den Fakten durch die Vorstellungskraft erst Leben eingehaucht wird. In diesem Zusammenhang zitiert er George David Miller, der diese Einsicht in seinem Werk *Negotiating Toward Truth* teilt:

> »Pädagog:innen, die die Fantasie schätzen, haben wenig Probleme damit, Kreativität und dynamische Entwicklung zu fördern. Fantasie führt uns über Routine und festgefahrene Muster hinaus. Aber mehr noch als dass sie uns auf solche Möglichkeiten hinlenkt, wirkt Fantasie vermittelnd. Sie verbindet die Dinge, die vorher getrennt waren. Solche Synthesen sind kreative Akte. Sie eröffnen neue Wege, schaffen neue Möglichkeiten, Raum für neue Hoffnungen und neue Träume.«

Und doch wird der Fantasie so wenig Aufmerksamkeit geschenkt.

Die Schriftstellerin Toni Morrison besuchte einmal eine Schule für begabte Kinder. Sie fand, dass die Kinder technisch zwar sehr versiert waren (sie wussten alles über Computer), jedoch stellte sie im Gespräch mit ihnen fest, dass es ihnen an Fantasie fehlte. Insgesamt scheint in unserer Kultur das stundenlange Starren auf den Bildschirm kreative Prozesse zu blockieren. Wir leben in einer Welt, in der kleine Kinder dazu ermutigt werden, sich etwas vorzustellen, zu zeichnen, Bilder zu malen, sich imaginäre Freundschaften und neue Identitäten auszudenken und sich alles auszumalen, was ihnen in den Sinn kommt. Je größer das Kind wird, desto mehr wird die Fantasie jedoch als gefährlich angesehen, als eine Kraft, die den Wissenserwerb behindern könnte. Je höher der Aufstieg auf der Leiter des Lernens, desto mehr wird verlangt, die Fantasie außer Acht zu lassen (es sei denn, jemand schlägt einen kreativen Weg ein, z. B. das Studium der Kunst oder des Filmemachens) und sich stattdessen auf die als wichtig erachteten Informationen zu konzentrieren. J. B. Priestley stellt hierzu fest: »Da die meisten Kinder sehr fantasievoll sind, wird angenommen, dass wir, um erwachsen zu werden, die Vorstellungskraft hinter uns lassen sollten, wie die Angewohnheit, unser Gesicht mit Schokolade zu beschmieren. Aber erwachsene Menschen, in denen die Fantasie verwelkt ist, sind geistig lahm und schief und laufen Gefahr, sich in Zombies oder Mörder:innen zu verwandeln.« In der Dominanzkultur dient das Abtöten der Fantasie als Mittel, um die Menschen zu unterdrücken und alle in den Grenzen des Status quo zu halten.

Wenn ich höre, wie Studierende über die unzähligen Möglichkeiten sprechen, wie sie sich erniedrigt fühlen, weil ihre Professor:innen sich weigern, ihre Anwesenheit zu würdigen oder ihnen im Unterricht ein Mindestmaß an Höflichkeit entgegenzubringen, bin ich immer wieder erstaunt über die Macht, die wir als Lehrende haben, unseren Lernenden zu helfen oder sie zu verletzen, ihren Mut zu stärken oder ihn zu brechen. Die sozialen Bewegungen (wie die antirassistische, die feministische und die Schwulen-und-Lesbenbewegung) bestanden alle darauf, dass anerkannt wird, wie sehr das Private politisch ist. Im Zuge der anhaltenden Kritik an der Dominanzkultur wurde von Wissenschaftler:innen und/oder Aktivist:innen, die sich für eine Veränderung der Gesellschaft einsetzen, so dass alle den gleichen Zugang zu den grundlegenden Menschenrechten haben, immer wieder auf die ›Kolonisierung‹ des Geistes und der Fantasie hingewiesen. Sie haben die vielfältigen Mechanismen aufgezeigt, mit denen Menschen aus unterdrückten und/oder ausgebeuteten Gruppen dazu gebracht wurden, sich selbst zu hassen, und die dazu führten, dass sie sich nicht weiterentwickeln und zu verantwortungsvollen Bürger:innen werden konnten, bevor sich ihr Bewusstsein veränderte. Dieser Bewusstseinswandel erforderte in der Regel, dass die Menschen lernten, unkonventionell über ihren Tellerrand zu schauen. Und um unkonventionell denken zu lernen, müssen wir unsere Fantasie auf neue und andere Weise einsetzen.

Die Fantasie ist eine der mächtigsten Formen des Widerstands, die unterdrückte und ausgebeutete Menschen nutzen können, und dies tun sie auch. In traumatischen Situationen kann die Fantasie ein Rettungsanker sein. So überleben Kinder Missbrauch oft nur, indem sie sich eine Welt vorstellen, in der sie Sicherheit finden. In der Kultur der weißen Vorherrschaft haben Schwarze eine »Black is beautiful«-Bewegung gegründet, um sich dem ständigen Ansturm negativer Darstellungen von Schwarzsein entgegenzustellen. Ohne die Fähigkeit, sich etwas vorzustellen, bleiben die Menschen in ihrer Situation gefangen – unfähig, in einen Raum der Macht und der Möglichkeiten zu gelangen. Obwohl Rosamund Stone Zander und Benjamin Zander in ihrem Buch *The Art of Possibility. Transforming Professional and Personal Life* nicht oft das Wort »Fantasie« verwenden, kann die von ihnen beschriebene expansive, engagierte Pädagogik nur dann stattfinden, wenn sie durch kreative Fantasie angestoßen wird. In ihrer Einleitung, »Launching the Journey«, heißt es: »Unsere Prämisse ist, dass viele der Umstände, die uns in unserem täglichen Leben zu blockieren scheinen, dies vielleicht nur auf der Grundlage eines Rahmens von Annahmen tun, die wir mit uns herumtragen. Zeichnen Sie einen anderen Rahmen um dieselbe Reihe von Umständen, und neue Wege werden sichtbar (...). Revolutionäre Verschiebungen in den grundlegenden operativen Strukturen und Abläufen unserer Welt scheinen neue Definitionen dessen zu erfordern, wer wir sind und wofür wir hier sind.«

Im Wesentlichen geht es darum, unkonventionell zu denken. Obwohl Zander und Zander das Wort »Fantasie« nicht so oft verwenden, bekräftigen sie, dass der Mensch, sofern er nicht gerade um sein Überleben kämpfen muss, »sich in einem weiten Möglichkeitsraum befindet, in einer Haltung der Offenheit, mit einer unbeschränkten Vorstellungskraft für das, was sein kann.« Wenn eine Lehrperson der grenzenlosen Fantasie im Unterricht freien Lauf lässt, dann erweitert sich der Spielraum für transformatives Lernen. Wir bringen Fantasie in unsere Arbeit ein, indem wir neue und andere Wege finden, um unsere jeweilige Lerngruppe zu erreichen. Wenn ich afroamerikanische Literatur lehre, gebe ich den Studierenden manchmal die Aufgabe, in die Welt hinauszugehen und Fremden die Gedichte von Langston Hughes vorzulesen, um dann über die Reaktionen darauf und ihre Eindrücke zu schreiben. Dabei stelle ich mir vor, dass sie eine andere Erfahrung machen werden, wenn sie ein Gedicht laut rezitieren und/oder vorlesen und dessen Wirkung auf eine zuhörende Person erleben, als wenn sie es nur im stillen Kämmerlein oder im Schutz einer Bibliothek leise für sich lesen würden.

Ganz gleich, welches Thema ich gerade behandele, ich nutze das Schreiben und Lesen spontan verfasster Abschnitte immer, um unsere kollektive Vorstellungskraft im Unterricht zu beflügeln. Wenn wir unsere Gedanken frei schweifen lassen können, ist es viel wahrscheinlicher, dass unsere Fantasie die kreative Energie liefert, die uns zu neuen Gedanken und interessanteren Formen des Wissens führt.

12

Dozieren oder nicht

Große Auditorien mit willigen Zuhörenden schrecken mich nicht mehr, aber die große Vorlesung bzw. Vortragsveranstaltung ist nicht unbedingt das Format, das ich für meine Lehrtätigkeit am ehesten wählen würde. Mein Unterricht ist dann am besten, wenn er in kleineren Workshops stattfindet, wo ich die Leute, zu denen und mit denen ich spreche, kennenlernen kann. Einen Vortrag kann ich am leichtesten durchstehen, wenn ich mir vorstelle, dass ich in einem Wohnzimmer sitze und mich mit einer kleinen Gruppe von Menschen unterhalte. Ich stelle mir einen Vortrag dann als die Vorspeise vor dem Hauptgericht vor. Die Frage- und Antwortrunde ist für mich der wichtigste Teil, denn sie ist der Moment des partizipativen Engagements – der Moment, in dem ich nicht mehr allein spreche. Auch wenn sie in der Regel viel kürzer ist als der eigentliche Vortrag, hat sie eine ungleich größere Chance, der Moment zu sein, in dem wir zu einer Lerngemeinschaft zusammenwachsen.

Dennoch ist mein Herz während der Frage- und Antwortphase oft von Angst erfüllt. Ich fürchte mich vor der Möglichkeit zu versagen – nicht gut genug antworten zu können. Ich habe Angst, das ›Falsche‹ zu sagen. Ich fürchte mich davor, Kommentare zu machen, die uns eher entfremden als vereinen, die uns auseinandertreiben, anstatt uns in einem gemeinsamen Akt des Lernens zusammenzubringen. Echtes Lernen beruht, wie die Liebe, immer auf Gegenseitigkeit. In jedem engagierten Dialog, in dem sich Lehrende und Lernende, Vortragende und Zuhörende begegnen und Lernprozesse stattfinden, geben und nehmen beide Seiten. Dabei ist, was sie geben und was sie lernen, nicht dasselbe. Jedes

Mal, wenn ich eine Vorlesung beende, richte ich ein Wort des Dankes an einzelne Personen im Publikum, die besonders aufmerksam waren. Ihr aktives Zuhören macht mich engagierter in der Vermittlung meiner Inhalte und spornt mich an, meine Ideen klar und ansprechend darzustellen. Ihr ›stilles‹ Geschenk erneuert meinen Geist, besonders wenn ich müde bin oder mich nicht wohl fühle.

Dauert ein Vortrag bzw. eine Vorlesung länger als zwanzig Minuten, bedeutet das in der Regel, dass ein großer Teil der Anwesenden aufgehört hat, zuzuhören, dass ihre Gedanken abschweifen, weg von der vortragenden Person hin zu dem, was in ihrem Leben wirklich zählt. Selten ist eine Vorlesung das, was zählt. Dennoch haben mir viele Leute gesagt, dass ich einen Vortrag gehalten habe, bei dem das Gesagte ihnen geholfen hat, die Richtung ihres Denkens und ihr Leben in konstruktiver Weise zu verändern. Da ich nicht wirklich davon überzeugt bin, dass ausführliches Dozieren die beste Lerngelegenheit bietet, freue ich mich immer über solche Rückmeldungen.

Wenn wir als Kultur anfangen, das Lehren und Lernen ernst zu nehmen, wird die große Vorlesung nicht mehr den Platz einnehmen, den sie seit langen Jahren innehat. Denn in vielerlei Hinsicht ist dies die Art von Unterricht, die die Passivität am meisten fördert und die Lernenden von jeglicher Teilnahme abhält. Oft machen sich die Zuhörenden Notizen, aber ich kenne nur sehr wenige, die diese Notizen lesen, um daraus zu lernen, wenn die Vorlesung vorbei ist. Wenn ich mir meine eigenen Notizen anschaue, die ich während eines Vortrages gemacht habe, stelle ich oft fest, dass sie wenig von dem vermitteln, was die vortragende Person gesagt hat. Das kann natürlich auch einfach an meinen mangelnden Fähigkeiten im Mitschreiben liegen. Jedenfalls sagen meine Notizen mehr über meine jeweilige Stimmung aus. Unnötig zu sagen, dass diese Stimmung ab einem bestimmten Punkt oft extrem gereizt ist, weil die dozierende Person immer weiter redet und keine Verbindung zum Publikum herstellt, nicht einmal zu einem imaginären Publikum.

Vor einigen Wochen besuchte ich einen Vortrag zum Thema Mandala, der von einem weißen männlichen Gelehrten gehalten wurde, dessen Fachgebiet Asienwissenschaften mit einem besonderen Schwerpunkt auf dem Buddhismus ist. Der Vortrag dauerte fast zwei Stunden.

Zu Beginn war das Publikum, das aus vielen Studierenden bestand, engagiert, angeregt und aufmerksam. Aber nach den ersten fünfzig Minuten eines sehr schnell gehaltenen Vortrags wurden wir unruhig und warteten sehnsüchtig auf die Frage- und Antwortrunde, damit wir alle wieder wach werden würden. Ich habe immer über die Gründe nachgedacht, warum Redner:innen immer wieder übermäßig lange Vorträge halten. Manchmal scheint es einfach nur Hybris, Anmaßung im Hinblick auf die eigene Gelehrsamkeit zu sein, der Wunsch zu zeigen, was man alles weiß. In anderen Fällen ist die Langatmigkeit und Zeitvergessenheit auf Angst und Furcht zurückzuführen. So habe ich einmal einen Vortrag an einem Liberal Arts College in Portland gehalten, der bis auf den letzten Platz besetzt war. Ich bemühte mich, der Einladung, fünfzig Minuten zu sprechen, nachzukommen und sprach so lange, dass es mir wie eine Ewigkeit vorkam. Währenddessen schaute ich ständig auf meine Uhr. Und obwohl mein Manuskript nicht mehr als vierzig Minuten zum Lesen brauchte, begann ich zu improvisieren, um sicherzustellen, dass ich die Zeitvorgaben einhielt. Wie gesagt, ständig schaute ich auf die Uhr, um mich zu vergewissern, dass ich nicht zu lange sprach. Dann bemerkte ich, dass viele Leute gingen. Als ich genauer auf meine Uhr schaute, sah ich, dass sie stehen geblieben war. Schließlich teilte mir dann eine der Zuhörenden die Zeit mit, und mir war es dann sehr peinlich, dass ich immer weiter und weiter geredet hatte.

Viele im Publikum, vor allem die jungen Leute, fanden die Langatmigkeit meines Vortrags allerdings ganz unterhaltsam. Als ich mich anschließend dafür entschuldigte, wurde mir gesagt, es sei ein fesselnder Vortragsmarathon gewesen, wie ein Rave oder ein Poetry-Jam, der bis in die Nacht hinein andauert, weil die vortragende Person mehr und mehr in Fahrt kommt. Es mag vielleicht billige Unterhaltung gewesen sein, aber ich bin mir sicher, dass es für alle im Publikum schwer gewesen wäre, an diesem Abend viel aus meinem Vortrag zu lernen, auch wenn ich mich bemühte, das in der anschließenden Diskussionsrunde wieder gutzumachen. Zuhörende, die nicht wirklich aktiv teilnehmen wollen, bevorzugen diese Art des Dozierens, das zu einer Performance wird, ähnlich wie bei einem Konzert, bei dem wir mit dem Ton mitschwingen, uns aber nicht anstrengen müssen, um wirklich zu verstehen, was gesagt wird. Der Vortrag wird dann zu einem Ort des Spektakels. Ich kann mich erinnern, wie ich einmal meine Studierenden am Oberlin College ermuntert habe, einen Vortrag der Wissenschaftlerin und Aktivistin Angela Davis zu besuchen. Hinterher berichteten sie, dass es »großartig« gewesen sei, wobei sie vor allem von der Energie der Menge und den begeisterten Beifallsbekundungen sprachen. Doch als ich sie bat, mir und den anderen mitzuteilen, was sie gelernt hatten, fiel es ihnen schwer, darauf zu antworten.

Wie die meisten Professor:innen, die häufig richtige Vorträge halten, stelle ich fest, dass ich (wie meine Kolleg:innen) viel weniger zu einem Redemarathon neige, wenn ich ein Manuskript vor mir habe. Anders der erwähnte buddhistische Gelehrte: Er hatte zu viele Unterlagen, so dass er sie ignorierte oder sie hin und her schob, um die Punkte, die er hervorheben wollte, wiederzufinden. Sein Vortrag war auffallend langatmig. Im Laufe der Zeit hatte er wohl vergessen, dass der Grund für sein Dozieren nicht einfach darin bestand, Wissen und Informationen zu vermitteln, sondern uns wirklich etwas zu lehren. Wer im Rahmen einer großen Vorlesung lehrt, muss sich mehr anstrengen, um eine Verbindung zum Auditorium herzustellen. Dies gilt besonders dann, wenn das Licht gedämpft ist und Redner:innen und Zuhörer:innen einander nicht sehen können. Das Publikum kann so gewissermaßen in eine passive Trance versetzt werden, in der es zwar hört, aber nicht zuhört.

Das schlimmste Szenario, das während der Frage- und Antwortrunde eintritt, ist, wenn ausgerechnet die Person, von der die vortragende Person bemerkt hat, dass sie während des größten Teils des Vortrags eingenickt war, als erste zum Mikrofon eilt. Das ist der Moment, den die meisten Redner:innen fürchten. Der akademische Anstand und die bürgerlichen Umgangsformen gebieten es, Höflichkeit walten zu lassen, und das sollte auch so sein. Die Vortragenden tun dann dementsprechend so, als ob das Gesagte, egal was es ist, als wertvoll behandelt werden sollte. Das ist jedoch ein Fehler. Ich habe es immer als nützlich empfunden, das Publikum wissen zu lassen, dass, wenn eine Person zum Mikrofon kommt und ihre Version einer Marathonfrage stellt, ich sie mit liebevoller Freundlichkeit unterbreche. Das ist, unabhängig vom Grad der Liebe oder Freundlichkeit, die ich aufbringen kann, kein leichtes Unterfangen. Die andere Herausforderung besteht darin, sich nicht gezwungen zu fühlen, auf jede Frage zu antworten. Meine Ausbildung in den akademischen Traditionen der öffentlichen Rede hat mich gelehrt, Fragen immer zu beantworten, auch wenn ich die Antwort nicht weiß – und wenn ich die Antwort nicht weiß, so zu tun, als ob ich sie wüsste. Was für eine schreckliche Lehrmethode! Für mich ist es am besten, ehrlich zu sein und es zu sagen, wenn ich eine Antwort nicht weiß, oder zu sagen, dass ich über die Frage nachdenken und sie später in einem anderen Rahmen beantworten werde. Wissenschaftler:innen fürchten sich davor, zuzugeben, dass sie ›die Antwort‹ nicht kennen, weil sie Angst haben, dass das Publikum sie beschämt, oder schlimmer noch, als nicht sehr klug erachtet. Wenn dann noch Race, Gender und Klasse in die Gleichung einbezogen werden, erscheint es umso riskanter, als nicht würdig oder nicht gut genug angesehen zu werden.

Mein Hauptkritikpunkt am herkömmlichen Vortrags- bzw. Vorlesungsformat ist, dass die Zuhörenden oft Dinge in den Vortrag hineinprojizieren, die ich nicht gesagt habe. Wenn ein Vortrag nur fünfzehn bis zwanzig Minuten dauern würde, hätten Vortragende und Zuhörende reichlich Zeit, sich kritisch damit auseinanderzusetzen und auf Punkte einzugehen, bei denen es zu Missverständnissen oder Projektionen kommen könnte. Heutzutage, wo die Zuhörenden oft online ›berichten‹, was sie glauben, ›gehört‹ zu haben, ist es noch wahrscheinlicher, dass Missverständnisse auftreten und dass der vortragenden Person Worte in den Mund gelegt werden, die diese nie gesagt oder nie so formuliert hat.

Ich hoffe, dass es in Zukunft zu einer deutlichen Abkehr vom allumfassenden großen Vortrag kommt. Scherzhaft sage ich gerne, dass es, wenn ich erst Herrscherin über die akademische Welt bin, keine langen, späten Abendvorträge, keine ausgedehnten Empfänge und keinen Platz für sinnlosen Smalltalk mehr geben wird. In Anbetracht der Tatsache, dass es nicht so viele Schwarze oder People of Color in der Vortragswelt gibt, wird von uns oft mehr als von anderen Gruppen erwartet, dass wir alle möglichen Themen abdecken. Da eine Institution im Laufe eines Jahres vielleicht nur eine oder zwei nicht-weiße Personen für einen Vortrag eingeladen hat, ist es oft umso wahrscheinlicher, dass gerade von diesen wenigen erwartet wird, dass sie zu jedem Thema sprechen können. Einer der negativen Aspekte bei der Suche nach der einen Person of Color bzw. der einen Schwarzen Person, die sprechen soll, ist, dass wir oft nur aufgrund unserer Hautfarbe und nicht aufgrund des Interesses an unserer Arbeit um einen Vortrag gebeten werden. Mir ist sogar berichtet worden, dass manchmal über eine Schwarze Person, die für einen Vortrag ins Auge gefasst wurde, gesagt wird, sie rede nur »dummes Zeug«, dass dann aber trotzdem darauf gedrängt wird, diese Person einzuladen, weil es »schlecht aussehen« würde, wenn es keine Diversität auf der Referent:innenliste gäbe. Nun, es gibt eine Menge interessanter und überzeugender Schwarzer Vortragender; es kann aber sein, dass etwas mehr Mühe darauf verwendet werden muss, sie zu finden.

Einen wichtigen Vorteil haben Vorträge, nämlich dass neue Leser:innen für das eigene Werk gewonnen werden können. Manchmal sagen Leute aus dem Publikum, die nach dem Vortrag auf mich zukommen, dass sie noch nie etwas von mir oder meinem Werk gehört haben, »aber«, so sagen sie, »nachdem ich Ihnen zugehört habe, möchte ich mehr wissen«. Also ist eine Möglichkeit, den Vortrag zu betrachten, dass er einen Moment der Vorbereitung auf ein Lernen darstellt, das dann an einem anderen Ort, zu einem anderen Zeitpunkt, abseits von Performance und Spektakel, stattfindet.

13
Humor im Unterricht

Klugheit und Ernsthaftigkeit sind Eigenschaften, die Lehrende schätzen. Jedoch können wir auch so ernst werden, dass kein Platz mehr für Humor im Unterricht bleibt. Wie viele Akademiker:innen und/oder Intellektuelle bin auch ich nicht mit der Vorstellung aufgewachsen, dass Humor wichtig ist. Stattdessen war ich während der gesamten Schulzeit dafür bekannt, sehr ernst zu sein. Ein Großteil meiner Ernsthaftigkeit war eine psychologische Reaktion auf das Unglücklichsein in unserer dysfunktionalen Familie. Wir durften uns von keiner Person in der Schule beeinflussen lassen, weder von Schüler:innen noch von Lehrer:innen, denn unsere patriarchal-tyrannischen, überfürsorglichen Eltern glaubten, dass nur sie die Macht haben sollten, Einfluss zu nehmen. Es war immer wieder ein Kampf, sich zwischen den Regeln zu Hause und dem Wissen in der Schule hindurchzulavieren. Der Versuch, herauszufinden, was man den Eltern vorenthalten und was man mit ihnen teilen sollte, führte zu einem gespaltenen Bewusstsein. Das machte es im Grunde schwer, loszulassen und Freude zu erleben, sei es zu Hause oder in der Schule.

Mehr als vielen bewusst ist, tragen gerade die Schüler:innen, die als Nerds oder Streber:innen angesehen werden und die oft eine besondere Begabung für das Lernen von Schulwissen haben, schwer an den Folgen von emotionalen Verletzungen und Traumata. Viele von uns sind einfach emotional abgestumpft, verschlossen, distanziert. Ich war kein fröhliches Mädchen in der Schule und auch im College nicht. Das Lachen, der Humor im Allgemeinen, war für mich mit Loslassen assoziiert. Doch mein größtes Ziel im Leben während der High School und im College war es nicht, loszulassen, sondern festzuhalten – das Leben im Griff zu behalten. Nur sehr selten erschien mir etwas ›lustig‹, und fast nichts war es wert, darüber zu lachen.

Als ich dann mein Studium aufnahm, wurde es umso wichtiger, dass ich nicht als lustiges Mädchen, als Spaßvogel, angesehen werden durfte. Das Streben nach Erfolg in der sexistischen akademischen Welt, einer von Männern dominierten Umgebung, in der weibliche Studierende jeden Tag von Professor:innen gesagt bekamen, dass wir nicht so gut seien wie Männer, ließ es umso wichtiger werden, seriös zu erscheinen. Entscheidend war, dass wir als zu wissenschaftlicher Arbeit fähig wahrgenommen wurden. Wenn dann noch Race und Klasse mit ins Spiel kamen, war es für eine Schwarze Frau umso wichtiger, Seriosität auszustrahlen. Während meiner gesamten Studienzeit wurde mir von Freund:innen und Kommiliton:innen des Öfteren zu verstehen gegeben, dass sie mich »gerne mal betrunken oder bekifft sehen würden«, weil sie glaubten, dass ich zu ernst sei und dass ich mehr Spaß haben könnte, wenn ich nur etwas lockerer wäre. Bevor ich lernte zu lachen und die Kraft des Humors zu schätzen, lernte ich allerdings, dass es gut ankam, geistreich und schlagfertig zu sein, besonders wenn man zu den immer schwarz gekleideten, dekonstruktivistischen, radikalen, feministisch-zickigen Divas gehörte, die auch mal knallhart ihre Meinung sagen konnten (d. h. Kritik übten) oder andere heruntermachen (d. h. Sarkasmus und vielleicht sogar ein wenig Verachtung in ihre Kritik einfließen ließen). Eine ›kalte‹, ›beißende‹ Erwiderung, vor allem wenn sie geistreich war, konnte tatsächlich zuweilen Lacher beim Publikum hervorrufen. Im Übrigen machte es mehr Spaß, den Eindruck von Coolness zu erwecken als mit einem herzhaften Lachen aufzufallen. Geistreich und witzig zu sein, ist Ausdruck einer scharfen und schnellen Auffassungsgabe und soll amüsieren. Doch beim Einsatz verbaler Kunstfertigkeit gelingt es oft nicht, dass der Witz ein Lachen hervorruft, weil die Zuhörenden es einfach ›nicht kapieren‹. Früher gehörte ich zu den Menschen, die nie einen Witz richtig erzählen konnten; bei mir kam er immer wie eine langatmige, auslegende Erklärung rüber. Meist habe ich einen Witz auch schlicht nicht verstanden, d. h. ich habe die Pointe nicht erfasst. Ich gehörte zu den Menschen, die sich Witze normalerweise erklären lassen mussten.

Zu Beginn meiner Lehrtätigkeit, insbesondere als Lehrbeauftragte am Fachbereich Englisch einer Eliteuniversität, fand ich mich in einer Atmosphäre absoluter Ernsthaftigkeit im Unterricht wieder, einer Ernsthaftigkeit unter den Studierenden, hinter der sich oft die Furcht verbarg, den Anforderungen nicht gerecht zu werden. Es war zwar nicht so, dass meine Studierenden Versagen fürchteten, denn die meisten von ihnen waren sich ihrer akademischen Intelligenz nur allzu bewusst. Ihre unterschwellige Angst war vielmehr, dass jemand, irgendjemand, sich als intelligenter erweisen könnte. In dieser angespannten Atmosphäre versuchte ich erstmals, ein paar witzige Sprüche im Unterricht anzubringen. Darauf wurde nicht mit Gelächter reagiert, ja nicht einmal mit amüsierten Blicken. Doch anstatt meine Versuche aufzugeben, ein wenig Humor in den Unterricht zu bringen, begann ich, den Studierenden nach einer witzigen Bemerkung zu sagen: »Übrigens, das sollte lustig sein.« Ah, Humor! Es war mein gescheiterter Versuch, zu amüsieren, der dann tatsächlich Lachen hervorrief. Als ich dies erkannte und weiter nach wirkungsvollen Lehrstrategien suchte, entschuldigte ich mich in meinen Kursen zuweilen dafür, dass ich noch nicht in der Lage war, lustig zu sein. Ich sagte auch zu den Studierenden: »Ich bin witzig – ihr kapiert es einfach nicht – gebt euch mehr Mühe«. Ab und zu fingen sie an zu lachen. Sie begannen zu verstehen, was Witz ist.

Meine Bemühungen um Humor wurden in der Regel von den vielen Drama-Queens unterstützt, die sich für meine Kurse angemeldet hatten. Eines Tages kam ich zu spät zum Kurs (Studierende, die zu spät kamen, mussten sich oft meine witzigen Bemerkungen anhören). Einer meiner Lieblingsstudierenden, ein hochgewachsener Schwarzer Mann mit dem Körper eines Tänzers, der in jeder Hinsicht RuPaul ähnelte, mit Ausnahme seiner Kleidung, stand vorne im Kursraum und ahmte mich nach, machte sich lustig über mich und brachte damit alle zum Lachen. Ich lachte mit, und es war einer dieser vielen erhellende Momente, die im Unterricht passieren können. Mir wurde klar, dass sowohl witzige Bemerkungen als auch ganz normaler Alltagshumor wirklich dazu beitragen können, eine offenere Atmosphäre im Unterricht zu schaffen. Einfach ausgedrückt: Gemeinsames Lachen kann den Zusammenhalt einer Gruppe stärken. Das gilt vor allem für Lerngruppen, in denen es viel Trennendes gibt, in denen Vielfalt die Norm ist oder in denen die unterrichteten Themen die Lernenden mit deprimierenden Fakten konfrontieren.

Gerade in Kursen, in denen Studierende neue Denk- und Wissensweisen erlernen, die ihre bisherigen Glaubenssysteme infrage stellen, ist Humor als vermittelnde Kraft gefragt. Lehrveranstaltungen, in denen jungen Menschen beigebracht wird, sich der Dominanzkultur und den damit einhergehenden Phänomenen wie Rassismus, Sexismus, Klassenelitismus, religiöser Fundamentalismus, Homofeindlichkeit usw. entgegenzustellen, können die Stimmung drücken und Gefühle der Ohnmacht wecken. Wenn große Unterschiede in Bezug auf Identität, Erfahrung, Denken und Meinung deutlich werden, können Spannungen und Konflikte im Unterricht entstehen, was auch tatsächlich geschieht. Humor kann in solchen Fällen eine willkommene Pause von ernsten, intensiven Themen und Diskussionen bieten.

Häufig wird der Versuch, mit Humor zu arbeiten, jedoch missverstanden, und manchmal führt das, von dem wir hoffen, dass es amüsant ist, stattdessen zu Spannungen. Zurzeit unterrichte ich an einem College, an dem sich eine große Mehrheit der Belegschaft, der Lehrenden und der Studierenden für soziale Gerechtigkeit einsetzt, für all die großen und wichtigen Themen, die angegangen werden müssen, wenn wir Herrschaft in all ihren Formen beenden wollen. Es ist auch ein christliches College. Von allen Orten, an denen ich gelehrt habe, ist dies auch ein Ort, an dem es einfach nicht genug Humor gibt. Oft ist es uns so wichtig, niemanden zu verletzen, dass wir Formen der Selbstzensur entwickeln. Im ersten Jahr meiner Lehrtätigkeit lud ich Ron, einen weißen männlichen Professor, einen New Yorker Kollegen und Mitstreiter, zu einem Fakultätsworkshop ein, bei dem wir uns über das Lehren unterhalten wollten. Unsere Zeit war begrenzt; wir hatten eine Stunde Zeit, um miteinander zu reden. Nach der Vorstellungsrunde begann Ron zu reden. Und er konnte reden. Er redete unaufhörlich, als wäre er der einzige Vortragende, der etwas zu sagen hätte. Ich stand daneben und war ziemlich irritiert und genervt. Schließlich unterbrach ich ihn und gab einen, wie ich hoffte, amüsanten Kommentar ab, indem ich sagte: »Weiße Männer können schwafeln«, in Anlehnung an den Film »White Men

Can't Jump«.[8] Obwohl einige der Anwesenden lachten, äußerten die Fakultätsmitglieder später ihre Besorgnis darüber, dass ich unserem Gast gegenüber unhöflich gewesen sei. Nach meiner witzigen Bemerkung erklärte ich, dass Ron eindeutig viel zu sagen habe und wir sicherlich bereit seien zuzuhören, aber ich es wichtig fand, darauf hinzuweisen, dass wir nicht, wie geplant, einen Dialog hielten.

Nun, ich hätte Ron unterbrechen und genau das ausdrücken können, indem ich sagte: »Ron, du hältst einen langen Monolog, obwohl wir eigentlich einen Dialog führen wollten. Ich verstehe nicht, warum du das tust«. Diese direkte Konfrontation schien mir dem Anlass unangemessener zu sein als eine humorvolle Bemerkung. Später, als Ron und ich uns Zeit für ein kritisches Feedback zu der Präsentation nahmen, räumte er ein, dass er einfach »zu sehr in Fahrt gekommen« sei. Er hatte eine Menge zu sagen und wollte es auch tun. Aber, wie oft nutzen weiße Männer in der akademischen Welt die Macht ihrer Stimme, um die Stimmen von Menschen of Color zum Schweigen zu bringen? Viel zu oft. Ich hatte das Gefühl, dass Ron sich fragen sollte, ob er sich in einem Wettbewerb mit mir befand und ob er diesen Wettbewerb gewinnen wollte, indem er es unmöglich machte, dass meine Worte gehört wurden, da mir nur noch sehr wenig Zeit blieb, um zu sprechen. Nach einer schwierigen Diskussion lachten wir gemeinsam, und Ron gab zu, dass »weiße Männer schwafeln können«.

Obwohl wir seit Jahren Gespräche über Pädagogik geführt hatten, fiel es uns nicht leicht, diesen kritischen Dialog zu führen. Ehrlich gesagt, war ich ›sauer‹ auf Ron. Ich hatte das Gefühl, dass er das, was eine Gelegenheit für die Fakultät hätte sein sollen, nämlich, einen weißen männlichen Professor im Dialog mit einer Schwarzen Frau zu erleben, zum Gespött gemacht hatte. Ich hatte gehofft, dass unsere Interaktion als Modell dienen würde. Doch es war ein Fiasko. Später wurde ich von Fakultätsmitgliedern dann noch dafür kritisiert, dass ich unserem Gast gegenüber nicht höflich genug war. Der springende Punkt wurde dabei übersehen, denn meine Antwort darauf, dass Ron das Rampenlicht für

8 Anm. d. Ü.: Wörtlich übersetzt: »Weiße Männer können nicht springen«; der Film von 1992 kam unter dem Titel »Weiße Männer bringen's nicht« in die deutschen Kinos.

sich beanspruchte, bestand darin, die herrschenden Verhältnisse in Bezug auf Race und Gender auf ironische Weise zu kritisieren. Wer in der akademischen Welt war nicht schon einmal mit einer ähnlichen Situation konfrontiert – gezwungen, einem weißen Mann zuzuhören, der immer weiter und weiter redet? Doch Ron und ich, wir engagieren uns beide für die Überwindung von Rassismus und Sexismus, und dabei ist es typisch für uns, dass wir über das Geschehene und unsere Wahrnehmung solcher Vorfälle diskutieren und Kritik äußern, aber wir sind selten wütend aufeinander. Es wäre für uns beide einfacher gewesen, die Sache einfach auf sich beruhen zu lassen, als uns mit kritischen Rückmeldungen zu beschäftigen, bei denen wir einräumen mussten, dass auch etwas Feindseligkeit mit im Spiel war. Unsere Fähigkeit, gemeinsam zu lachen, nachdem wir uns konstruktiv mit dem Problem auseinandergesetzt hatten, so dass wir beide das Gefühl hatten, aus dem Geschehenen gelernt zu haben, schuf eine Brücke und erinnerte uns beide daran, dass das, was uns verbindet und zusammenbringt, immer wertvoller ist als die Konflikte, die dazu führen können, dass wir uns voneinander entfremdet oder getrennt fühlen.

Die Angst vor Konflikten führt oft dazu, dass Lehrende und Lernende die direkte Konfrontation mit Problemen vermeiden, obwohl sie durchaus als nützliche Lerngelegenheiten dienen könnten. Die meisten der weißen und Schwarzen Frauen, die bei dem von Ron und mir geleiteten Workshop anwesend waren, wurden durch meine Bereitschaft ermutigt, anzusprechen, wie er den Moment zur Selbstdarstellung nutzte. Wir alle wissen, dass es für Frauen nicht leicht ist, Männer in den vielen Fällen, in denen große Machtunterschiede bestehen, zu konfrontieren. Hier hat im Grunde genommen der Humor dazu beigetragen, eine Atmosphäre zu schaffen, in der wir darüber sprechen konnten, was in der Gruppe und zwischen uns beiden passiert war.

Bei meinen Gesprächen mit Lehrkräften an öffentlichen Schulen wie mit Hochschulprofessor:innen und Studierenden habe ich immer wieder festgestellt, dass sich alle einig waren, wie wichtig Humor im Unterricht ist. Meine Schwester G., die in einer verarmten Gegend an einer innerstädtischen Schule unterrichtet, hat oft das Gefühl, dass sie eine strenge Lehrerin sein muss. Sie war überrascht, als ihre Schüler:innen sie darauf aufmerksam machten, dass sie im Unterricht nie lachte. Sie erkannte, dass sie ihren Humor und ihr Lachen aus Angst vor dem Verlust von Macht und Autorität, aus Angst vor Kontrollverlust, zurückhielt. Als sie begann, ihr komisches Ich zum Vorschein kommen zu lassen, fühlte sie sich verletzlicher, aber die Schüler:innen schätzten diese Verletzlichkeit und das Gefühl der Offenheit, das gemeinsames Lachen hervorrufen kann. Wenn wir uns auf das Lachen einlassen, verlagern wir unser Denken außerdem von der linken in die rechte Gehirnhälfte und schaffen so einen ganz neuen Raum für das Denken und Träumen, für die Entwicklung großartiger Ideen.

Ich hoffe, dass künftige Bemühungen um eine pädagogische Neudefinition des Lernens auch Diskussionen über den produktiven Einsatz von Humor im Unterricht umfassen werden. Wir alle kennen die Arten von negativem Humor, der Menschen voneinander entfremdet, insbesondere, wenn er auf Verachtung basiert, um eine andere Person oder Gruppe schlecht zu machen (z. B. Humor, der sich über People of Color und weiße Frauen lustig macht, selbst wenn Mitglieder dieser Gruppe zu denjenigen gehören, die sich abfällig äußern). Hingegen sind wir nicht so vertraut mit der heilenden Kraft des Humors. Wenn Humor von einer Lehrkraft oder von Lernenden eingesetzt wird, um zu verletzen, liegt es in der Verantwortung aller Anwesenden, Wege zu finden, um das Geschehene richtig wahrzunehmen und daran zu arbeiten, den Riss in der Lerngemeinschaft zu kitten. Im Übrigen würden alle Lehrenden es als hilfreich empfinden, wenn es mehr Studien darüber gäbe, wie die Kraft des Humors im Unterricht nutzbringend eingesetzt werden kann, um den Lernerfolg zu steigern und eine Gemeinschaft zu schaffen und zu erhalten. Denn wenn Lehrende und Lernende Hand in Hand arbeiten, finden sie im gemeinsamen Lachen zu mehr Gelassenheit und Harmonie.

14

Zeit für Tränen

Es besteht immer die Gefahr, dass Studierende in Tränen ausbrechen, wenn sie in ihren Kursen mit schwierigen Themen konfrontiert werden, die eng mit dem ›echten Leben‹ verbunden sind. In den Lehrveranstaltungen vieler Schwarzer Professor:innen ist diese weinende Person meist eine weiße Frau. Eine Schwarze feministische Kollegin bat mich sogar, dieses Problem anzusprechen, und bezeichnete es gehässigerweise als das »Syndrom der weinenden weißen Frau«. Die Tränen fließen so oft im Unterricht, wenn die rassistische Dynamik zwischen Weißen und Schwarzen diskutiert wird, weil so viel Scham und Schuldgefühle auftauchen; es gibt keine emotionale Distanz, wenn es um dieses Thema geht, wie es vielleicht bei anderen, weniger brisanten Themen der Fall ist.

Als ich vor mehr als dreißig Jahren begann, Romane Schwarzer Schriftstellerinnen zu behandeln, gab es immer eine intensive emotionale Reaktion auf die von uns gelesene Literatur, die sowohl bei weißen wie Schwarzen Studentinnen zu Tränen führte. Schwarze Frauen weinten oft, weil die Lektüre eines bestimmten Romans den ersten öffentlichen Diskurs darstellte, in dem der Schmerz des verinnerlichten Rassismus, der das Selbstwertgefühl junger Schwarzer Mädchen beeinträchtigt, zum Ausdruck kam. Toni Morrison hat erklärt, dass dies der Auslöser für das Schreiben ihres ersten Romans *Sehr blaue Augen* war; die Erkenntnis, dass es zumindest zu dieser Zeit nur wenige Romane gab, die die Geschichten kleiner Schwarzer Mädchen in den Mittelpunkt stellten. Weiße weibliche Studierende, die nie gewusst hatten, dass es unter Schwarzen ein Kastensystem der Hautfarbe gibt, oder die, wenn sie es wussten, sich nie über dessen Auswirkungen auf den Körper und das Wesen Schwarzer Kinder im Klaren waren, weinten, weil sie von der Schilderung ihres Schmerzes überwältigt waren.

Manche Hochschullehrende sehen in den Tränen weißer Mädchen ein Bemühen um Aufmerksamkeit oder ein Ablenkungsmanöver, das die Diskussion im Unterricht stört. Das ist auch manchmal der Fall, unabhängig davon, ob dies die Absicht der betreffenden Person ist oder nicht. Wenn nun allerdings jemand weint, muss die Lehrkraft entscheiden, ob diese Tränen für eine tiefere Gruppendiskussion genutzt werden können oder ob sie eine Störung darstellen. Dies lässt sich am besten herausfinden, wenn die Lehrkraft ihre Lernenden kennenlernt und von der ersten Unterrichtsstunde an die unterschiedlichen Reaktionen der Einzelnen beobachtet. Manchmal sind es Faktoren außerhalb der Lehrveranstaltung, die Kummer verursachen, und die Worte, die dort geäußert werden, sind vielleicht nur der Auslöser für diese Gefühle.

Während meiner unglücklichen Teenagerjahre habe ich mich oft in einer Geschichtsstunde am späten Nachmittag dabei ertappt, wie ich leise weinte. Um mich herum taten alle so, als würden sie es nicht bemerken. Die Highschool war erst kürzlich desegregiert worden. Um dies zu erreichen, mussten die Schwarzen Schüler:innen früher als sonst aufstehen und mit dem Bus zur ›weißen‹ Schule fahren, wo wir in die Turnhalle getrieben und gezwungen wurden, auf die weißen Schüler:innen zu warten, die als erste die Schule betreten durften. Nach der Logik der weißen Vorherrschaft war dies der Weg, um den Frieden zu wahren. Trotz der Anwesenheit der Nationalgarde und schwerbewaffneter weißer Polizisten mit Gewehren fand denn auch die Integration ohne rassistische Zwischenfälle statt, und die Schulleitung legte großen Wert darauf, dass es zu keinen solchen kam. Kein Wunder also, dass in einer Klasse, in der außer mir nur zwei andere Schwarze anwesend waren, niemand meine Gefühle, meinen Kummer wahrhaben wollte.

Wenn die Lehrpersonen über meinen emotionalen Zusammenbruch sprachen, müssen sie ihn auf mein Privatleben bezogen haben. Mein Therapeut fragte mich einmal, ob dieser Unterricht kurz vor meiner Rückkehr nach Hause stattfand. Und doch wollte sich niemand mit diesem Bereich auseinandersetzen. Melancholie, Selbstmordgedanken, was auch immer mein emotionaler Zustand war, sie hielten es für besser, ihn zu ignorieren. Da ich oft über Selbstmord nachdachte, stellte ich mir vor, was sie wohl sagen würden, wenn ich mich tatsächlich umbrächte. Würde man über die vielen Male sprechen, die ich im Klassenzimmer saß und augenscheinlich von Trauer überwältigt war? Zu Hause war ich für mein endloses Weinen bekannt. Meine sechs Geschwister weinten nicht. Um mich zu ärgern, gaben sie mir sogar den Spitznamen der Schauspielerin Jean Autry, die dafür bekannt war, dass sie die Rolle des »armen kleinen reichen Mädchens« spielte, das sich oft in heftige Weinkrämpfe hineinsteigerte. Als ich mein Studium begann, hatten meine Tränen aufgehört, mein Kummer war verdrängt worden, überdeckt von einer intensiven Wut auf die Dominanzkultur und die Leute, die sie so perfekt am Laufen hielten.

Als ich anfing zu unterrichten, wurden die Erinnerungen an meine Tränen und die Art und Weise, wie sie einfach ignoriert wurden, wieder wach, wenn Studierende in meinen Kursen auf Lektüren oder Diskussionen mit herzzerreißendem Weinen reagierten. Ich wollte die Emotionen meiner Studierenden, ob weiß oder Schwarz, nicht ignorieren. Ich registrierte ihre Tränen und bemühte mich, diese emotionale Intensität zu nutzen, um das Bewusstsein für unser Lernthema zu schärfen. Wie jede Lehrperson, insbesondere weibliche, möchte ich niemals vor meinen Studierenden weinen. Als Frauen, und insbesondere, wenn wir uns der Arbeit in Wissenschaft und Bildung aus einer feministischen Perspektive nähern, sind wir uns sehr bewusst, dass es immer noch sexistische Vorstellungen gibt, dass wir den Männern intellektuell nicht ebenbürtig sind. Ein Indikator für unseren minderwertigen Status in der sexistischen Denkweise ist die Annahme, dass alle Frauen manchmal emotional überwältigt werden, dass wir uns davon völlig ›aus der Bahn werfen‹ lassen. Um dieses sexistische Denken nicht noch zu verstärken, würden fast alle weiblichen Professor:innen lieber keine Träne in ihren Lehrveranstaltungen vergießen.

Die Schriftstellerin und Aktivistin Tillie Olson unterrichtete den ersten Kurs in Women's Studies, den ich während meines Studiums belegte. Manchmal brach sie in Tränen aus, und das inmitten ihrer ergreifenden Ausführungen über die Ungerechtigkeiten, mit denen Frauen zu kämpfen haben: Armut, Geburten und unfreiwillige Mutterschaft sowie lieblose Ehemänner. Ich muss gestehen, dass mich ihre Tränen selten berührten, weil sie genau in den Momenten aufzutauchen schienen, in denen ihre Sichtweise auf das Leben der Frauen kritisch hinterfragt wurde. Ich titulierte diese Tränen als Fortsetzung des Films *Birth of a Nation*, diesmal mit der Folge »Weißes Mädchen, in Tränen aufgelöst«, und tat sie als Gefühlsduselei ab. Und natürlich habe ich, als wir Studierenden uns nach dem Unterricht über diese öffentlichen Gefühlsäußerungen unterhielten, in meiner studentischen Arroganz darauf bestanden, dass ihre Tränen im Kurs nichts zu suchen hätten; sie lenkten uns nur von der Lektüre und der kritischen Diskussion ab. Der Schwarze Schriftsteller und Kulturkritiker James Baldwin hat einmal erklärt, dass »Sentimentalität die ostentative Zurschaustellung übermäßiger und falscher Emotionen ist (...), ein Zeichen von Unehrlichkeit, die Unfähigkeit zu fühlen«. Diese Definition beschreibt auf brillante Weise die unechten Gefühle, die aufkommen, wenn Tränen benutzt werden, um ein Publikum emotional zu manipulieren.

Als einsame Schwarze Teilnehmerin an vielen Lehrveranstaltungen wusste ich, dass wenn ich meine Einwände gegen die Meinung einer weißen Mitstudierenden zum Ausdruck brachte, diese schnell in Tränen ausbrechen und zum Mittelpunkt der Aufmerksamkeit werden konnte, womit sie wiederum die Sympathie aller anderen auf sich zog und dies vom Eigentlichen unserer Meinungsverschiedenheit ablenkte. Ich wusste, dass Tränen als Ablenkungsmanöver eingesetzt werden können. Und ich war durchaus schon einmal das Ziel einer starken, sich in Tränen äußernden Wut. Wenn diese emotionale Erpressung im Unterricht stattfindet, kann sie allerdings auch zu einem guten Lernanlass werden.

Am City College in Harlem gab ich einmal ein Seminar über James Baldwin und hatte eine unglaublich diverse Lerngruppe vor mir. Eine der klügsten und engagiertesten Studierenden im Kurs war eine junge, blonde weiße Frau aus Island. Wir lasen Baldwins autobiografische Schriften, in denen er beschrieb, wie er von seinem Vater heftig geschlagen wurde. Dies führte in der Gruppe zu einer Diskussion darüber, ob körperliche Züchtigung von Kindern akzeptabel sei. Eine ältere Schwarze Frau, eine alleinerziehende Mutter, erklärte: »Ich habe einen Sohn, und ich muss ihn schlagen. Er muss es lernen, sonst wird er irgendwann einmal auf diesen gefährlichen Straßen von einem weißen Polizisten umgebracht.« Ein Schwarzer Studierender hingegen erzählte, wie seine Mutter ihn mit allem, was in Reichweite war, geschlagen hatte – einem Besen, einem Bügeleisen, einer Lampe – und dass er ihr nie verzeihen würde.

Mitten in dieser intensiven Diskussion machte unsere junge, blonde, blauäugige nordische Studierende, verheiratet und Mutter von zwei Kindern, einen entsetzten Gesichtsausdruck, brach dann in Tränen aus und rannte aus dem Unterricht. In diesem Moment musste ich mich entscheiden: Entweder ich konzentriere mich auf ihre Tränen oder ich bringe uns geschickt zurück zur Diskussion über Baldwins Text und integriere die Fragen, die durch die persönlichen Geschichten aufgeworfen worden sind. Ich entschied mich für Letzteres. Meine Entscheidung war von ihrem entsetzten Gesichtsausdruck beeinflusst; ich hielt es in diesem Moment für äußerst wichtig, nicht zuzulassen, dass das negative Urteil, das ihre Reaktion andeutete, die Aufmerksamkeit vom eigentlichen Thema ablenkte. Ich wollte in diesem überwiegend Schwarzen Kurs nicht die Annahme verstärken, dass die weiße Interpretation der Schwarzen Erfahrung wichtigster sei. Als die Diskussion weiterging, bat ich jedoch jemanden, unsere fehlende Teilnehmerin zu suchen und nachzusehen, ob sie sich beruhigt hatte. Als sie in den Unterricht zurückkehrte, erklärte sie den taffen New Yorkern, dass in ihrem Land Eltern verhaftet werden können, wenn sie ihre Kinder schlagen. Als Hausaufgabe gab ich dem Kurs auf, eine Seite darüber zu schreiben, ob die schrecklichen Prügel, die Baldwin erhalten hatte, einen positiven oder negativen Einfluss auf seine Entwicklung als Schriftsteller hatten.

Die Wahrnehmung und der Ausdruck von Emotionen gehören unbedingt zum Unterricht dazu. Den meisten der Lehrenden wäre es jedoch lieber, wenn es dort kein Weinen oder andere leidenschaftliche Gefühlsäußerungen gäbe. Sie sind einfach nicht darin geschult, konstruktiv zu reagieren, wenn sie mit überwältigenden Gefühlen ihrer Lernenden konfrontiert werden. Würden wir lernen, emotionale Intelligenz als Teil unseres Selbstverständnisses als Lehrende zu schätzen, wären wir vielleicht besser gerüstet, um mit Emotionen im Unterrichtsgeschehen angemessen umzugehen.

Nicht nur die Lernenden bringen ihre Emotionen in den Unterricht ein, sondern auch die Lehrenden. So sehr ich mich auch bemühe, im Seminar keine Tränen zu vergießen, es gibt immer wieder Momente, in denen ich sie einfach nicht unterdrücken kann. Kürzlich unterrichtete ich eine Gruppe von Studierenden an der Universität von Kalifornien in Santa Cruz, wo ich vor Jahren als Doktorandin eingeschrieben war. Eine meiner Kommiliton:innen, weiß und weiblich, mit der ich viele Meinungsverschiedenheiten hatte, war später Professorin geworden und beschäftigte sich wie ich mit Fragen von Race, Gender und Klasse. Kurz vor dieser Lehrveranstaltung hatte ich von ihrem vorzeitigen Tod erfahren. Und kurz darauf stand ich in eben jenem Hörsaal in Santa Cruz, über zwanzig Jahre später, wo sich jetzt die Studierenden versammelt hatten, um über meine Arbeit zu diskutieren. Ich fing an, über unsere schwierigen Kontroversen zu sprechen, aber auch über die wunderbaren, aufregenden Jahre, in denen wir als Doktorand:innen feministische Theorien entwickelten. Und ich sprach über Ruth, die Konflikte, die wir hatten, und die Ergebnisse, zu denen wir gelangten. Mir kamen die Tränen, und schließlich wurde ich von einem heftigen, sehr tränenreichen Gefühlsausbruch überwältigt, denn ich war traurig, dass sie so jung gestorben war, wie so viele andere kritische weibliche Wissenschaftler:innen. Bettina Aptheker, die zur gleichen Zeit wie wir Doktorandin war, saß im Publikum, und ich konnte sehen, dass auch sie Tränen vergoss. Auch die Studierenden hatten Tränen in den Augen.

Es war klar, dass dieser völlig ungeplante Moment emotionaler Intensität eine bewegende Lektion für die Studierenden war; sie konnten lernen, dass positive, in Respekt und Zuneigung verwurzelte Bindungen sogar aus Beziehungen entstehen können, die mit viel Streit und Konflikt begonnen haben. Vor meinem Vortrag hatten die Studierenden übrigens ein Handout erhalten, das ihnen das ›richtige‹ Verhalten vorschrieb und sie anwies, nicht zu unterbrechen und ihre Stimme nicht zu erheben. Es las sich wie ein ›Manifest zur Unterdrückung aller gefährlichen Emotionen während des Unterrichts‹. Ich sagte den Studierenden, dass, wenn wir uns damals, als ich noch studierte, an solche Regeln gehalten hätten, die kritischen Diskussionen, die die Grundlage für die Entstehung so vieler brillanter feministischer Theorien bildeten, niemals stattgefunden hätten.

Die Künstlerin und Professorin Catherine Lord, die in ihren Memoiren *The Summer of Her Baldness* über ihren Umgang mit Brustkrebs schreibt, stellt diese Frage: »Warum, frage ich mich, ist es nervtötend, vor den Studierenden zu weinen? (....) Warum ist das Weinen im Unterricht, auch wenn uns allen schon einmal danach war, eine größere Bedrohung für den Zusammenhalt als Dummheit, Hass oder Ignoranz?« Weinen, Schluchzen, Wehklagen – alle Äußerungen emotionaler Intensität sind im Lehrbetrieb gefürchtet, weil sie die hierarchische Ordnung durcheinanderbringen, die besagt, dass der Verstand immer Vorrang vor Körper und Seele haben sollte. Doch wir sind aufgerufen, über die Grenzen der Sprache, der Worte, hinaus zu lernen, dort hinzugelangen, wo wir ein gemeinsames Verständnis haben. Wir sind aufgerufen, aus unserem Empfinden zu lernen und die Erkenntnismöglichkeiten zu entdecken, die unsere Gefühle bieten. Wenn wir die Möglichkeit von Tränen zulassen, dann kann es auch zu einem Aufstand des unterdrückten Wissens kommen.

15
Konflikt

Feministische Lehrveranstaltungen waren die ersten Orte, an denen ich Diskussionen darüber erlebte, dass der Unterricht ein geschützter Raum sein sollte. Dabei ging es in der Regel darum, dass die Studierenden lernen sollten, so miteinander zu reden, dass es nicht zu Konflikten und verletzten Gefühlen kommt. Diese Diskussionen haben mich immer geärgert, weil ich das Gefühl hatte, dass sie eher die Befürchtung der Lehrenden widerspiegelten, dass es zu Konflikten kommen könnte und sie damit nicht zurechtkämen oder dass die aufkommende negative Energie dazu führen könnte, dass die Studierenden die Lehrperson und die Lehrveranstaltung möglicherweise nicht mögen würden. Um gute Bewertungen von den Studierenden zu erhalten, glauben die meisten Professor:innen sicherstellen zu müssen, dass sich die Studierenden wohlfühlen. In den feministischen Kursen wurde vieles von dem infrage gestellt, was wir über das Wesen der Geschlechter für wahr gehalten hatten. Glaubenssysteme, mit denen wir achtzehn oder mehr Jahre unseres Lebens vertraut gewesen waren, wurden auf den Kopf gestellt. Es ist schon etwas befremdlich, dass uns ausgerechnet in diesen Kursen gesagt wurde, wir hätten zu akzeptieren, dass dieser Geist des Widerspruchs und der Herausforderung in einer ruhigen Umgebung ausgelebt werden sollte, in der die Ströme unseres Seins gleichmäßig fließen müssten und niemand Wellen schlagen dürfte.

Es war kein Zufall, dass Fragen bezüglich des Geschütztseins im akademischen Umfeld immer mehr an Bedeutung gewannen, je diverser die Lerngruppen wurden. Dies galt insbesondere, als mehr Schwarze Studierende bzw. Studierende of Color in Bildungseinrichtungen eintraten, in denen zuvor ausschließlich oder überwiegend Weiße unterrichtet wurden. Allerdings war diese Verschiedenheit nicht der einzige Faktor, der zu einer potenziell angespannten Situation führte. Da viele Studierende of Color, die zum ersten Mal ein College betraten, aus armen Verhältnissen und der Arbeiterklasse stammten, war es gerade der Klassenunterschied, der die Studierenden vielleicht noch mehr als die Hautfarbe voneinander trennte. In solch diversen Lerngruppen kamen die Studierenden mit Erfahrungen und Perspektiven in Berührung, die sich von ihren eigenen völlig unterschieden. In einigen dieser Gruppen hatten die Studierenden anfangs oft Angst, ihre Meinung zu äußern, weil sie befürchteten, ihre Kommiliton:innen zu beleidigen oder ihnen zu nahe zu treten, während sie sich in anderen Gruppen oft übereifrig bemühten, sich gegenseitig zu widersprechen und herauszufordern.

Immer wieder erlebte ich, wie die Kommunikation im Unterricht zusammenbrach, wenn die einzelnen Diskutierenden feststellen mussten, dass sie nicht nur sehr unterschiedliche Standpunkte vertraten, sondern dass der Versuch, über diese Unterschiede hinweg miteinander ins Gespräch zu kommen, heftige Emotionen auslöste, darunter auch Wut und Traurigkeit. Tränen und Traurigkeit waren für Lernende und Lehrende leichter zu verkraften als Meinungsverschiedenheiten, die sowohl heimliche als auch offenkundige Wutgefühle hervorriefen. Der Druck, eine friedliche Atmosphäre aufrechtzuerhalten, in der sich alle ›sicher‹ fühlen können, kann jedoch dazu führen, dass die Diskussion zum Erliegen kommt und/oder die Chance eines dialektischen Austauschs völlig zunichte gemacht wird.

Als Kritikerin und kämpferische Feministin werde ich oft von Studierenden angefeindet, die nichts von Denkweisen wissen wollen, die dem herkömmlichen sexistischen Gedankengut zuwiderlaufen. Oft versuchen sie, Konflikte im Unterricht zu schüren, die das Lernen stören und die Bildung einer Lerngemeinschaft unmöglich machen. Der Umgang mit dieser Art von negativer Konfrontation ist Anlass für mich, neu darüber nachzudenken, inwiefern der Unterricht ein geschützter Raum sein sollte. Anstatt uns an die allgemein verbreitete Annahme zu halten, dass wir uns nur dann ›sicher‹, d. h. geborgen und aufgehoben fühlen können, wenn alle einverstanden sind und gleichermaßen zu Wort kommen, sollten wir Geschütztsein eher als eine Fähigkeit betrachten, die erlernt werden muss, um mit Risikosituationen umzugehen. Das eröffnet uns die Möglichkeit, dass wir uns auch in Situationen aufgehoben fühlen können, in denen es Meinungsverschiedenheiten und sogar Konflikte gibt.

Wenn ich dieses Konzept Professor:innen in pädagogischen Workshops oder Studierenden im Seminar erkläre, spreche ich zunächst darüber, wie wir uns eine Liebesbeziehung vorstellen. Ungeachtet unserer sexuellen Vorlieben und/oder Lebensweisen stellt sich niemand von uns vor, dass wir eine intime Beziehung mit einem anderen Menschen führen können, in der es immer nur harmonisch zugeht. Tatsächlich gehen die meisten von uns davon aus, dass, sobald die erste Verliebtheit vorbei ist, Differenzen auftauchen und es zu Konflikten kommen wird. Selbstverständlich dürfen wir auch davon ausgehen, dass wir in diesen Momenten in ›Sicherheit‹ sind; dass es, selbst wenn die Stimmen laut werden und die Emotionen hoch kochen, zu keinerlei Übergriffen kommt und es auch keinen Grund gibt, sich nicht mehr sicher zu fühlen, und dass der Wille zur Verständigung und zum Zusammenhalt überwiegt. Natürlich bringen die meisten von uns in persönlichen Beziehungen eine größere Bereitschaft zum gegenseitigen Vertrauen mit als im Unterricht.

Dennoch muss das Vertrauen im Unterricht kultiviert werden, wenn ein offener dialektischer Austausch und positiver Dissens möglich sein sollen. Es ist hilfreich, den Lernenden zu Beginn eines neuen Kurses zu erklären, wie wichtig Vertrauen ist und wie dies mit Verantwortungsbewusstsein zusammenhängt. Vertrauen bedeutet, sich auf die eigene Fähigkeit zur Rücksichtnahme und die anderer Menschen, verlassen zu können. Sich für Vertrauen und Achtsamkeit zu entscheiden, bedeutet also, dass wir sorgfältig darüber nachdenken, was wir sagen und wie wir es sagen, und dabei auch die Auswirkungen unserer Worte auf andere Zuhörende berücksichtigen. Wer die freie Meinungsäußerung wirklich befürwortet, ist auch gegen Zensur. Umso wichtiger ist es jedoch, dass wir uns als Lehrende und Lernende bewusst sind, dass unsere Sprache verbal missbrauchend sein kann, dass sie Herrschaft aufrechterhalten und Hass erzeugen kann.

Dieses Bewusstsein sollte eigentlich zu einer tiefen Wertschätzung des Privilegs führen, das wir als Bürger:innen dieses Landes haben, nämlich in einer Gesellschaft lernen zu dürfen, in der die freie Meinungsäußerung und das Recht auf abweichende Meinungen zentrale demokratische Werte sind. Es hat mich immer wieder beunruhigt, zu sehen, dass Studierende Angst haben, ihr Recht auf Meinungsverschiedenheiten oder kritischen Austausch wahrzunehmen. Besonders schade war es, wenn sie bereit waren, auf die Ausübung dieser Privilegien zu verzichten, weil sie sich Sorgen darüber machten, was andere Studierende im Kurs und darüber hinaus über sie denken könnten. Zuweilen war es offensichtlich, dass sie mehr Wert darauf legten, von ihren Kommiliton:innen gemocht zu werden, als zu lernen. Eine solche Haltung trivialisiert und untergräbt die demokratische Bildung als Praxis der Freiheit. Oft musste ich die Studierenden daran erinnern, dass es viele Orte auf der Welt gibt, an denen Menschen befürchten müssen, inhaftiert zu werden oder gar ihr Leben riskieren, wenn sie frei sprechen. Glücklicherweise sind die meisten von uns, Professor:innen wie Studierende, nicht mit schwerwiegenden, lebensbedrohlichen Konsequenzen konfrontiert, wenn wir unsere Meinung äußern und uns an einem kritischen Austausch beteiligen. Deshalb ist es von größter Wichtigkeit, nicht zuzulassen, dass falsche Vorstellungen von Sicherheit die Schaffung einer Lerngemeinschaft behindern, in der die Teilnahme an konstruktiven Diskussionen erlernt werden kann, selbst wenn es zu ausgeprägten Meinungsverschiedenheiten kommt. Leider sind es oft die Lehrenden und nicht die Studierenden, die die ›Sicherheit‹ im Unterricht aufrechterhalten wollen, denn es ist schlichtweg einfacher, von den Studierenden zu verlangen, dass sie eine Atmosphäre uneingeschränkter Harmonie kultivieren, als ihnen beizubringen, wie sie einen konstruktiven kritischen Dialog führen können.

Wenn wir unseren Lernenden allerdings vermitteln, dass Sicherheit darin besteht, mit Konflikten, unterschiedlichen Gedanken und Meinungen umgehen zu lernen, dann befähigen wir sie zu radikaler Offenheit. Wir bringen ihnen bei, dass es möglich ist, in diversen Unterrichtsumgebungen zu lernen. Und auf lange Sicht bereiten wir sie darauf vor, sich der Realität zu stellen, indem wir sie lehren, Dissens zu schätzen und den kritischen Austausch zu pflegen. Im Lehrbetrieb und darüber hinaus werden sie nämlich immer wieder Situationen erleben, in denen das Lernen unter Umständen stattfinden muss, in denen sie vielleicht nicht die Kontrolle haben, in denen sie sich nicht wohlfühlen und in denen die Stimmung nicht immer harmonisch sein wird. Wahre Sicherheit besteht darin, zu erkennen, wann eine Situation zwar riskant, aber nicht bedrohlich ist, und dann wiederum zu erkennen, wann eine Situation, selbst im Unterricht, unsicher ist, und entsprechend zu reagieren. Wir entscheiden uns tagtäglich für riskante Situationen. Wenn wir auf einer vielbefahrenen Autobahn fahren, sind wir einem Risiko ausgesetzt. Aber wir alle wissen, dass, wenn wir uns an die Regeln halten und mit den anderen am Verkehr Teilnehmenden kooperieren, die Chancen steigen, dass wir alle sicher ans Ziel kommen. Das Gleiche gilt auch für den Unterricht.

16

Feministische Revolution

An den Hochschulen hat die feministische Kritik an sexistischen Einstellungen und Vorurteilen eine der erstaunlichsten gewaltfreien kulturellen Revolutionen ausgelöst, die unser Land je erlebt hat. Vor der heutigen feministischen Befreiungsbewegung war unser Bildungswesen von Vorstellungen über das Lernen beherrscht, die auf der sexistischen Annahme beruhten, dass Frauen weniger lernbegabt seien als Männer und dass wir auch nicht zu Erkenntnisfortschritten beigetragen hätten. Diese Denkweise prägte die Lernkultur von den Grundschulen bis an die Universitäten. Bildung wurde als Instrument zur Festigung des politischen Systems des Patriarchats eingesetzt. Infolgedessen wurden in unseren Bildungseinrichtungen falsche und schädliche Denkmuster verbreitet, die als objektive Wahrheiten daherkamen.

Die Auswirkungen sexistischer Denkweisen und Vorurteile auf die verschiedenen Wissensformen und -inhalte führten zu Verzerrungen und unterstützten systematisch Fehlinformationen und falsche Annahmen, wodurch dem Lernen die Integrität genommen wurde, die stets die Grundlage des Wissenserwerbs sein sollte. Die Instrumentalisierung der Bildung zur Verfestigung des patriarchalen Denkens hat die Demokratie untergraben, weil Bildung dadurch in den Dienst einer privilegierten Bevölkerungsgruppe gestellt wurde.

Lange bevor sich die heutigen Bewegungen für die Gleichberechtigung der Frauen organisierten, waren es einzelne Frauen und Männer, die den Sexismus infrage stellten und bekämpften, sowohl in Bezug auf das, was in Schulen und Universitäten gelehrt wurde, als auch in Bezug auf die Art und Weise, wie unterrichtet wurde. Jede Frau, die die sexistischen Grenzen durchbrach, war Vorreiterin und Vorbild. Jeder Mann und jede Frau, die ihre Fortschritte miterlebten, lernten allein durch ihre bloße Existenz, dass die Gleichstellung der Geschlechter möglich war und dass vieles, was zuvor als natürlich angesehen wurde, in Wirklichkeit sozial konstruiert war. Dies galt besonders für die wenigen Frauen in der Wissenschaft. Diese Seltenheit hat immer wieder die Aufmerksamkeit darauf gelenkt, dass sie als Gleichberechtigte neben den Männern arbeiteten und erfolgreich waren. Allein ihre Anwesenheit widerlegte sexistische Annahmen und führte manchmal sogar zur Abkehr von Vorurteilen, wonach Sexismus ›natürlich‹ sei und Frauen den Männern unterlegen seien.

Als die zeitgenössische feministische Bewegung erfolgreich die patriarchalen Annahmen infrage stellte, die bis dahin jeden Bereich der Hochschulen geprägt hatten, kam es zu einer tiefgreifenden und notwendigen Revolution. Dabei schuf die Institutionalisierung von Studiengängen für Frauenforschung eine solide wissenschaftliche Grundlage, um sexistische Vorurteile in der Wissensproduktion zu hinterfragen, und herkömmliche Denkansätze zu korrigieren. Die feministische Bewegung steht leider so sehr in der Kritik, dass negative Berichte über die Errungenschaften der Bewegung (in der Regel von fanatischen patriarchalen Kräften) den erstaunlich positiven Beitrag, den feministisches Denken und feministische Praxis zur Neudefinition des Lernens geleistet haben und weiterhin leisten, oft überschatten.

Auf praktischer Ebene war die Forderung nach Gleichberechtigung in Bildung und Wissenschaft eine Forderung, die der akademischen Welt ein völlig anderes Gesicht verlieh. Auch wenn die den akademischen Hierarchien zugrundeliegenden patriarchalen Strukturen nach wie vor intakt sind, so hat sich doch die Art und Weise, in der Sexismus das Schicksal von Frauen in der akademischen Welt sowohl als Studierende als auch als Lehrende bestimmt, erheblich gewandelt. Antisexistisch eingestellte Frauen und Männer in der Wissenschaft haben sich nicht nur für gleichen Zugang zu Bildung und Beruf, gleiche Bezahlung und gleiche Repräsentation in der Öffentlichkeit eingesetzt, sondern auch die Erwartungen an den Unterricht grundlegend verändert. Es wurde hart gegen die Einbeziehung und Vorherrschaft des patriarchalen Wissens in der akademischen

Welt gekämpft, und auch wenn sich dieser Kampf verändert hat, so haben die Studierenden doch heute immerhin die Wahl, bei Professor:innen zu studieren, die Bildung als Praxis der Freiheit vermitteln und deren Perspektive nicht mehr durch sexistisches Denken getrübt ist.

Das feministische Denken hatte einen gewaltigen Einfluss auf das höhere Bildungswesen. Bezeichnenderweise zeigt sich dies am deutlichsten an den, wenn auch begrenzten, konstruktiven Veränderungen in den Unterrichtsinhalten und -stilen derjenigen, die noch immer den patriarchalen Denkmustern und Werten anhängen. Als in unserem Land der Ruf nach Gleichberechtigung für Frauen laut wurde, reagierte die Mehrheit unserer Institutionen damit, dass sie sich um Geschlechtergerechtigkeit und Fairness bemühten. Die Hochschulen zeigten dabei die größte Bereitschaft, sexistische Vorurteile zu verlernen und bisherige falsche Lehrinhalte zu revidieren. Die Revolution im Bildungswesen wurde durch die breite Kritik am Sexismus in Verbindung mit dem allgemeinen feministischen Widerstand gegen das Patriarchat an allen Fronten (soziale Interaktion, Gleichberechtigung am Arbeitsplatz, Sprachgebrauch, Curricula usw.) ausgelöst, was in der Tat eine enorme Bedrohung für den Status quo darstellte. Leider kam es schnell zu einem organisierten antifeministischen Backlash, mit dem Ziel, die positiven Auswirkungen des Feminismus auf Bildung und Forschung zu bekämpfen. Konservative Scharfmacher:innen griffen feministische Professor:innen an und unterstellten fälschlicherweise, dass Feministinnen den weißen männlichen Kanon zerstörten (und das, obwohl ganz klar ist, dass keine Hochschule in diesem Land aufhörte, Kurse anzubieten, die den weißen männlichen Kanon aufrechterhielten). Gleichzeitig wurde immer wieder behauptet, dass Feministinnen eine Tyrannei der politischen Korrektheit geschaffen hätten. In extremen Fällen kam es sogar zu gewalttätigen Übergriffen auf Frauen in der Wissenschaft, als die feministische Kritik am Sexismus innerhalb und außerhalb der Lehre zu weitreichenden Veränderungen im Bildungswesen führte.

Natürlich war der antifeministische Backlash in seiner Intensität eine kalkulierte Reaktion, die darauf abzielte, die transformative Kraft feministischer Theorie und Praxis im Hochschulbereich nachhaltig zu schwächen. Besonders bedrohlich musste es den Gegner:innen des Feminismus erscheinen, wenn einzelne akademische Männer (die meisten von ihnen weiß) sich die Kritik des Patriarchats zu eigen machten und ihr Denken und ihre Lehre entsprechend veränderten. Durch das feministische Denken in den Lehrveranstaltungen rückte eine neue Dynamik der Opposition und des dialektischen Austauschs in den Vordergrund der Hochschulbildung. Auch wenn es nur selten eine ›feministische Lehrveranstaltung‹ gab (denn von einer solchen konnte nur die Rede sein, wenn sich alle Teilnehmenden mit feministischem Denken identifizierten), führten feministische Theorie und Praxis zweifellos zu vielversprechenden und chancenreichen pädagogischen Ansätzen, die eine neue und kraftvolle Dynamik in die Lehre brachten. Feministische Perspektiven im Unterricht betonten das Primat des kritischen Denkens und forderten die Verknüpfung von Bildung mit sozialer Gerechtigkeit.

Wegen der antifeministischen Gegenreaktion und weil die breite Euphorie für die Frauenbewegung abebbte, werden feministische Perspektiven an den meisten Hochschulen heute nur noch als eine von vielen Wissensformen betrachtet. Und leider hat in letzter Zeit die Kritik am patriarchalen Kanon, an der imperialistischen, kapitalistischen, patriarchalen weißen Vorherrschaft in der Wissenschaft an Schwung verloren, während offenes antifeministisches Denken und patriarchale Perspektiven wieder aufleben. Lehrende, die erkannt haben, wie wichtig es ist, sexistische Vorurteile, die zu Verzerrungen des Wissens führen, zu beseitigen, sind sich der Notwendigkeit bewusst, feministische Perspektiven zu wahren. Hochschulen, die früher keine weiblichen Studierenden zuließen, haben heute einen hohen Frauenanteil unter den Studierenden. Zudem haben die großen Eliteuniversitäten, die einst Frauen den Zutritt verweigerten, jetzt sogar Präsidentinnen, die feministisches Denken aktiv unterstützen.

Niemand würde behaupten, dass der Sexismus in der Hochschulbildung ausgemerzt ist. Dennoch lässt sich nicht leugnen, dass feministische Perspektiven und antisexistischer Aktivismus im Bildungswesen einen enormen Wandel herbeigeführt haben. Aber Lehrende müssen kritisch wachsam bleiben, um sicherzustellen, dass sexistische Vorurteile nicht wieder zur Norm werden. Denn feministisches Denken sichert die Integrität der höheren Bildung und sorgt dafür, dass sexistische Vorurteile nicht länger die Erkenntnismöglichkeiten und Lernprozesse beeinträchtigen.

17

Schwarz, weiblich, Akademikerin

Obwohl unser Land bezogen auf die Bürgerrechte erhebliche Fortschritte gemacht hat, sind die Vereinigten Staaten nach wie vor eine Gesellschaft, in der die rassistische Segregation der Normalfall ist. Die Aufhebung der ›Rassen‹-trennung in den Schulen war damals ein Meilenstein in der Bewegung für mehr Gerechtigkeit in dieser Angelegenheit, doch heute, mehr als fünfzig Jahre nach dem Urteil »Brown vs. Board of Education« sind die öffentlichen Schulen in unserem Land wieder zunehmend nach Race und Klasse getrennt. Umfragen zufolge glaubt ein großer Prozentsatz der Weißen in den USA nach wie vor an die rassistische Annahme, dass Schwarze wissenschaftlich und intellektuell minderwertig seien. Das fortbestehende rassistische Denken und Handeln ist der gesellschaftliche Nährboden, der die Bemühungen um ein Ende der Diskriminierung im Bildungswesen auf allen Ebenen untergräbt. Zwar kam im Zuge der Bürgerrechtsbewegung eine große Zahl Schwarzer Studierender aus verschiedenen Schichten an überwiegend weiße Colleges und Universitäten, doch das ist heute nicht mehr der Fall. Da das öffentliche Schulsystem die große Mehrheit der Schwarzen Schüler:innen aus armen Verhältnissen und aus der Arbeiterklasse derzeit nicht ausreichend fördert, ist diese Gruppe schlecht auf den Abschluss der Highschool vorbereitet und wird wahrscheinlich nie eine Hochschulausbildung anstreben.

Das Schicksal Schwarzer Lehrpersonen und Professor:innen unterscheidet sich von dem der Schwarzen Studierenden. Viele von uns unterrichten in einem überwiegend weißen Umfeld. Unsere Lehrveranstaltungen sind überwiegend von weißen Studierenden besucht. Oberflächlich betrachtet mag es den Anschein haben, dass Schwarzen Professor:innen der gleiche Respekt und die gleiche Achtung entgegengebracht werden wie allen anderen Lehrenden auch. Ein genauerer Blick zeigt jedoch, dass Schwarze (und andere nicht-weiße) Professor:innen mit ganz anderen Spannungen und Konflikten konfrontiert sind als ihre weißen Kolleg:innen. Schwarze Frauen haben bei der Ausübung einer Lehrtätigkeit noch mit zusätzlichen Problemen zu kämpfen, die auf unserem Geschlecht beruhen. Zwar stellen rassistische Stereotypen Schwarze Männer seit der Sklaverei bis heute als animalisch und minderwertig dar, aber es hat in unserem Land nie eine historische Periode gegeben, in der ein einzelner Schwarzer Mann keine herausragenden akademischen Leistungen erbracht hätte und von den Weißen dafür nicht anerkannt worden wäre. Demgegenüber hat das System des Patriarchats seit jeher dafür gesorgt, dass Schwarze Frauen, die hervorragende Leistungen erbrachten, nur selten den Respekt und die Aufmerksamkeit erhielten, die ihren männlichen Kollegen zuteilwurde, woran sich bis heute wenig geändert hat.

Die meisten Leute gehen wahrscheinlich davon aus, dass sich die Arbeitsbedingungen Schwarzer Professorinnen nicht so sehr von denen ihrer Schwarzen männlichen Kollegen unterscheiden. Da wir in einer Gesellschaft leben, die die Realität der rassistischen Diskriminierung nicht in vollem Umfang anerkennt und gleichzeitig die weit verbreitete geschlechterspezifische Diskriminierung leugnet, besteht die Tendenz, das schwerwiegende Ausmaß zu ignorieren, in dem rassifizierter Sexismus die Art und Weise, wie Schwarze Frauen im täglichen Leben wahrgenommen werden, prägt und beeinflusst. Historisch gesehen war eines der gängigsten rassistisch-sexistischen Stereotype die Darstellung Schwarzer Frauen als animalische, übergewichtige, fröhliche Mammy-Figuren, die stets eifrig bemüht waren, zu dienen und sich um alle zu kümmern. Die Mammy-Figur wurde oft als abergläubisch dargestellt, voller volkstümlicher Geschichten und Anekdoten, dabei weise auf eine intuitive, nicht selbstreflexive Art. Keineswegs wurde sie als klug oder zu wissenschaftlichen Studien fähig angesehen. Nach dem Ende der Sklaverei blieb diese stereotype Darstellung Schwarzer Frauen nicht nur

Teil des rassistisch-sexistischen Denkens, sondern gewann sogar noch an Bedeutung, als immer mehr weiße Frauen aus verschiedenen sozialen Schichten Schwarze Haushaltshilfen suchten.

Gleichzeitig werden Schwarze Frauen, wenn sie nicht als Mammys dargestellt werden, durch die Brille rassistischer und sexistischer Stereotype gerne als sexuell freizügig, als Schlampen betrachtet. Die pornografische, aggressive Begierde weißer Männer nach den verletzlichen Körpern Schwarzer Frauen war der soziale Kontext, in dem diese Darstellung der Schwarzen Weiblichkeit an Überzeugungskraft gewann. Um von ihrem rücksichtslosen sexuellen Missbrauch Schwarzer Frauen abzulenken, behaupteten weiße Männer, Schwarze Frauen seien läufige Tiere, die nur darauf warteten, sich auf jeden Mann in Sichtweite zu stürzen. Die sexuelle Abwertung der Schwarzen Frau, die mit der Sklaverei begann und bis heute anhält, verstärkte die rassistisch-sexistische Vorstellung, dass Schwarze Frauen nicht zu rationalem Denken fähig seien. Die wenigen Schwarzen Frauen, die sich im achtzehnten und neunzehnten Jahrhundert durch akademische Leistungen auszeichneten (z. B. die Dichterin Phyllis Wheatley), wurden als Ausnahmen betrachtet, als merkwürdige Launen der Natur. Vor diesem historischen Hintergrund mussten Schwarze Frauen immer wieder gegen die Stereotype ankämpfen, um überhaupt die Anerkennung ihrer geistigen Fähigkeiten zu erreichen.

Der einzige Ort, an dem Schwarze Frauen nicht beweisen mussten, dass sie zu herausragenden akademischen Leistungen fähig waren, waren die segregierten Schwarzen Communitys. Dort wurden sie als ebenso lernfähig angesehen wie ihre männlichen Pendants, ob sie nun das Glück hatten, eine Ausbildung zu erhalten oder nicht. Die Entstehung segregierter Schulen ermöglichte einzelnen Schwarzen Frauen, den Beruf der Lehrerin anzustreben. Als der Schuldienst allgemein zu einem von Frauen dominierten Beruf wurde, entschieden sich auch immer mehr Schwarze Frauen für ein akademisches Studium. Ich wuchs in den Jahren der rassistischen Segregation auf, und damals besuchte ich Schulen, in denen Schwarze Lehrerinnen exzellente Standards für sich und ihre Schüler:innen setzten. Diejenigen von uns, die akademische Brillanz zeigten, egal ob männlich oder weiblich, wurden ermutigt, sich weiterzuentwickeln. Es wurde nicht davon ausgegangen, dass Lernen und Studieren in irgendeiner Weise die Schwarze Identität gefährdeten. Im Gegenteil: Das Engagement für die Verbesserung der Situation der Schwarzen wurde am akademischen Streben gemessen. Das hat sich heute geändert. Heute führt der verinnerlichte Rassismus oft dazu, dass Schwarze Studierende allen Lehrenden, insbesondere aber Schwarzen Lehrerinnen, mit Verachtung begegnen.

Mit der Aufhebung der rassistischen Segregation wurden und werden Schwarze Lehrerinnen und Professorinnen, die in einem mehrheitlich weißen Umfeld arbeiten, für Studierende wie für Kolleg:innen häufig zur Zielscheibe abfälliger Bemerkungen und manchmal auch von Mobbing. Im Unterricht sehen wir uns nicht selten mit Studierenden konfrontiert, die davon ausgehen, dass ›Weißsein‹ sie dazu berechtigt, mehr zu wissen als die Professorin und sie daher das Recht haben, Fragen zu stellen und auf eine Art und Weise zu widersprechen, die respektlos und unangenehm ist. Der rassifizierte Sexismus hat die meisten Weißen, einschließlich der Studierenden, dazu gebracht, Schwarze Frauen als Menschen zu sehen, die nur einfache Hausangestellte – die sprichwörtlichen Mammys – sein sollten. Vor diesem Hintergrund dient die bewusste oder unbewusste Behauptung des unverdienten weißen Privilegs durch Studierende im Unterricht dazu, die weiße Vorherrschaft zu bekräftigen.

Um diese Dynamik vollständig zu verstehen, ist es hilfreich, den Unterschied zwischen weißer Vorherrschaft und Rassismus zu kennen. Die weiße Vorherrschaft beruht auf der Annahme, dass Schwarze intellektuell minderwertig oder den Weißen nicht ebenbürtig seien. Das bedeutet jedoch nicht zwangsläufig, dass Weiße, die so denken, aus einer Position der rassistischen Diskriminierung heraus versuchen, Schwarze Lehrende zu dominieren. Viele meiner weißen akademischen Kolleg:innen sagen, dass sie sich danach sehnen, in einem stärker diversen Umfeld zu leben und zu arbeiten und sich wünschen, Schwarze als Kolleg:innen zu haben, aber das bedeutet nicht, dass sie den Glauben an die Rechtmäßigkeit der weißen Vorherrschaft verlernt haben. Die meisten der weißen Studierenden, die ich in den mehr als dreißig Jahren meiner Lehrtätigkeit unterrichtet habe, haben weder offenkundig zu Vorurteilen noch zu Rassenhass tendiert, und sie hatten auch nicht den Wunsch, Schwarzen oder Menschen, die anders sind als sie, zu schaden. Die Schwierigkeiten ergaben und ergeben sich aus unbewussten Überzeugungen und Annahmen, die in der weißen Vorherrschaft wurzeln, so etwa die Vorstellung, dass Schwarze im akademischen Bereich weniger gut seien oder dass Schwarze rassistisch seien, wenn sie Weißsein und weiße Privilegien kritisieren. Dies veranlasst viele weiße Lernende dazu, die Autorität Schwarzer Lehrender entweder ständig infrage zu stellen oder zu versuchen, sie zu untergraben. Eine meiner Schwestern, die an einer öffentlichen Schule unterrichtet, erzählte, dass, als eine Schwarze Lehrerin auf zwei weiße männliche Schüler zuging, die den Unterricht störten, ein Junge sagte: »Wir sollten besser aufhören, denn die Lehrerin kommt«; die Reaktion des anderen war: »Ach, sie ist doch nur eine Schwarze Frau«. Dieser weiße Junge, der noch in der Grundschule ist, hat bereits gelernt, Schwarze Frauen abzuwerten. Wird er dann urplötzlich Respekt vor Schwarzen Professorinnen haben, wenn er aufs College geht?

Als ich anfing zu unterrichten, erfuhr ich aus den Bewertungen der Studierenden, dass ich als rassistisch wahrgenommen wurde, weil ich in meinen Lehrveranstaltungen oft die Aufmerksamkeit auf Fragen von Identität in Bezug auf Race lenkte: Jeder Hinweis auf die weiße Identität, der sie mit dem System der weißen Vorherrschaft in Verbindung brachte, löste bei den Studierenden Unbehagen aus. Allzu oft lief ich Gefahr, dass meine Kritik an Herrschaftssystemen als Ausdruck persönlicher Wut angesehen wurde. Als Schwarze Professorinnen kommen wir immer wieder zusammen und diskutieren untereinander, wie wir alle Studierenden erreichen können, vor allem aber jene weißen, die fälschlicherweise auf uns projizieren, wir seien wütend oder gemein. Einzelne Schwarze Professorinnen beklagen sich darüber, dass sie von den Studierenden als ›Bitch‹ gesehen werden, die es auf sie abgesehen habe. Tatsächlich entstand die Idee zu diesem Aufsatz, als mich eine jüngere Kollegin fragte, wie wir die Ansichten weißer Studierender geraderücken und hinterfragen können, ohne in rassistische Stereotypen zu verfallen, die nur zu Respektlosigkeit und Abschottung uns gegenüber führen würden. Diese Kollegin erklärte: »Ich habe es satt, als die wütende, gemeine Schwarze Bitch angesehen zu werden.«

Wir müssen uns darüber im Klaren sein, dass die meisten unserer Studierenden, gleich ob Schwarz oder weiß, aufgrund ihrer Sozialisation in einer imperialistischen, kapitalistischen, patriarchalen Kultur der weißen Vorherrschaft stereotype Denkweisen verinnerlicht haben. Deshalb müssen wir als Schwarze Professorinnen und Lehrerinnen bereit sein, in den Unterricht zu gehen und negative Stereotype nötigenfalls infrage stellen. Zu Beginn meiner Lehrtätigkeit referierte ich in einem Kurs über Schwarze Schriftstellerinnen über Toni Morrisons Roman *Sehr blaue Augen* und verwies dabei auf die Geschichte der Schwarzen Frauen, die als Angestellte in weißen Haushalten arbeiteten. Eine weiße Studentin meldete sich zu Wort, um zu widersprechen, als ich darauf hinwies, dass Schwarze Haushaltshilfen oft mit scheinbar guter Laune weiße Familien bedienten und dann in die segregierten Schwarzen Communitys zurückkehrten, nur um dort ihrer Wut und ihrem Ärger über die Art und Weise, wie sie ausgebeutet wurden, Luft zu machen. Die Studentin beharrte darauf, dass ihr Dienstmädchen ein geschätztes Mitglied der Familie gewesen sei, das die Kinder geliebt habe, als wären sie ihre eigenen gewesen. Ich fragte sie, ob sie jemals mit der Hausangestellten über ihre Gefühle, über Rassismus, über Liebe gesprochen habe, was sie verneinte. Darauf antwortete ich, es sei unwahrscheinlich, dass sie wisse, was die Frau wirklich gefühlt habe. Die Studentin weinte. Sie beschuldigte mich, rassistisch zu sein und überall Rassismus zu sehen. Die Zeit, die ich mir nahm, um meinen Standpunkt zu klären, fehlte nachher für den eigentlichen Unterricht. Aus dieser und vielen anderen Erfahrungen habe ich gelernt, dass es wichtig ist, vorweg über die Frage der Perspektive, des voreingenommenen und des unvoreingenommenen Denkens zu sprechen, um die Lernenden darauf vorzubereiten, neue Standpunkte kennenzulernen, von denen sie vielleicht noch nie gehört haben.

Den Studierenden sollten wir beibringen, dass die Perspektiven unterschiedlich sind, je nachdem, inwieweit wir aufgrund von Race, Gender und Klasse zu blinden Flecken in unserem Denken sozialisiert wurden. Wie die Schwarzen Professorinnen, die mit mir über die Schwierigkeiten sprachen, mit denen sie konfrontiert sind, wenn sie und ihre Arbeit durch die Linse rassistischer, sexistischer Stereotypen betrachtet werden, stelle auch ich fest, dass negative Stereotype, die auf Schwarze Frauen projiziert werden, oft als Hindernisse wirken. Unaufgeklärte Studierende verhalten sich häufig so, dass sie eine Schwarze Professorin dazu zwingen wollen, sich ihrer Vorstellung davon anzupassen, wer und was unsere Identität sein sollte. Das ging beispielsweise der Professorin so, die mir sagte, dass sie Schwierigkeiten habe, ihre Studierenden zu kritisieren, ohne als ›Schwarze Bitch‹ zu gelten. In den Medien wird die Schwarze Frau immer wieder als wütend, aggressiv und bösartig dargestellt. All diese Eigenschaften werden gemeinhin als Beweis dafür angesehen, dass sie eine ›Bitch‹ ist. Schwarze Frauen in Autoritätspositionen müssen sich sehr anstrengen, ihre Macht zu behaupten und gleichzeitig all die negativen Projektionen abzuwehren, und wenn sie dies tun, wird das sogar noch als Beweis gesehen, dass sie doch nur ›Bitches‹ sind.

Feministisches Denken und Handeln, das die Zusammenhänge zwischen Rassismus und Sexismus betont, hat durchaus dazu beigetragen, ein Bewusstsein dafür zu schaffen, wie Schwarze Weiblichkeit in einer imperialistischen, weiß-suprematistischen, kapitalistischen, patriarchalen Kultur abgewertet wird. Doch trotzdem muss jede einzelne Schwarze Frau ständig daran arbeiten, negative Vorstellungen von unserem Wesen und unserem Verhalten zu hinterfragen und richtigzustellen. Als Lehrende müssen wir uns dagegen wehren, dass Lernende und Kolleg:innen uns in die Rolle der Fürsorge-Mammy stecken, nur weil ihnen unbewusst vermittelt wurde, dass dies der Platz einer Schwarzen Frau sei. Als ich begann, über die Zusammenhänge zwischen Rassismus und Sexismus zu schreiben und zu lehren, wurde mir oft gesagt, ich sei so wütend. Doch ich weigerte mich, diese mir zugeschriebene Identität zu akzeptieren. Stattdessen forderte ich mein Publikum auf, darüber nachzudenken, warum eine Analyse von Race, Gender und Klasse, die herkömmliche Denkweisen infrage stellt, für sie immer eher aus Wut resultiert als aus einem erweiterten Bewusstsein. Wenn mir Leute vorwarfen, wütend zu sein, verbarg sich dahinter oft ihre eigene Wut darüber, konfrontiert und herausgefordert zu werden. Während der Präsidentschaftskampagne Obamas wurde Michelle Obama häufig als »wütende Schwarze Frau, die die Weißen verabscheut, Amerika hasst und vielleicht sogar mit dem Terrorismus sympathisiert«, dargestellt. Obwohl diese Behauptungen in keiner Weise durch Fakten belegt waren, erschienen sie glaubwürdig, denn solche negativen Falschdarstellungen der Identität Schwarzer Frauen sind in unserer Kultur sehr verbreitet. Gleichzeitig wurde

Condoleeza Rice, die aus der Welt der Wissenschaft in die Politik wechselte, immer wieder als ›einzigartig‹ und ›anders‹ dargestellt, weil sie so intelligent sei – als ob es sich bei ihr um eine Außerirdische handelte, mit nichts zu vergleichen.

Die feministische Bewegung in Verbindung mit den Bemühungen der Bürgerrechtsbewegung hat die Berücksichtigung von Race und Gender erzwungen, wodurch Schwarze Frauen in die Lage versetzt werden, ihr Selbst und ihre Identität auf eine Weise zu konstruieren, die negativen Stereotypen zuwiderläuft. Das bedeutet jedoch nicht, dass Schwarze Professorinnen in Lehrveranstaltungen kommen, in denen rassistische und sexistische Denk- und Verhaltensweisen nicht mehr bestimmen, wie wir wahrgenommen werden. Auch wenn mehr Schwarze Frauen als je zuvor in der Geschichte unseres Landes höhere Abschlüsse erwerben und in die Reihen der Hochschullehrenden aufrücken, werden wir wohl weiterhin als Eindringlinge in der akademischen Welt betrachtet, die nicht wirklich dazugehören. Schwarze Professorinnen, insbesondere diejenigen von uns, die herrschaftskritisch denken, werden erst dann ganz dazugehören, wenn rassistische und sexistische Vorurteile unser kulturelles Bewusstsein nicht mehr dominieren. Solange dies nicht der Fall ist, muss jede Schwarze Frau in der Lehre, die Studierende und Kolleg:innen herausfordert, konstruktive Wege finden, um sich durchzusetzen, und allen Versuchen, unsere Präsenz abzuwerten, entgegenwirken. Es ist machbar. Es bedeutet aber, dass Schwarze Professorinnen, die als Lehrende einen möglichst großen positiven Einfluss haben wollen, härter als andere Kolleg:innen daran arbeiten müssen, eine Lerngemeinschaft zu schaffen.

18

Lernen über den Hass hinaus

Mein Lieblingskartenspiel in der Kindheit war »Authors«. Jede Karte hatte ein Bild mit einer Schriftstellerfigur, und ich habe nie darüber nachgedacht, dass sie alle weiß waren. Sie waren aber nicht alle männlich. Meine geliebte Emily Dickinson war dabei. Jede Figur war für mich wichtig, die eine mehr, die andere weniger, je nachdem, wie fesselnd ich ihr Werk fand. Dickinson war meine absolute Favoritin, und nach ihr Emerson, Thoreau und Hawthorne. Ich wuchs in der von Segregation geprägten Welt des Südens auf und besuchte Schulen, die von den Weißen als »farbig« bezeichnet wurden, doch Rassismus brachte ich nicht mit Lernen in Verbindung. Ich wusste nicht, dass es so etwas wie einen ›Kanon‹ gab, der aus den Schriftsteller:innen bestand, die in der westlichem Kultur als ›bedeutend‹ eingestuft wurden. Jeder kluge Mensch in meiner Welt – allesamt Lehrpersonen – waren Schwarz. Sie lehrten mich die Werke dieser Schriftsteller:innen, deren Worte und Ideen mir im Leben so viel bedeuteten. Da ich als Mädchen in der Welt der Bücher ein anderes Selbstverständnis und eine andere Identität fand, dachte ich nicht über Rassismus und Literatur nach.

Als Teenager machte ich mich dann doch auf die Suche nach Schwarzen Schriftsteller:innen. Damals waren die Schulen bereits integriert. Schwarze Kinder wurden mit Bussen quer durch die Stadt in eine Welt der Weißen gebracht, die uns nicht wollte – die uns nie teilhaben ließ. Ich war fest entschlossen, Schriftstellerin zu werden, und wollte Bücher von Schwarzen lesen. Weiße Lehrpersonen ohne offenkundige rassistische Absichten versicherten mir, dass nur sehr wenige Schwarze Bücher geschrieben hätten und dass das, was sie geschrieben hätten, einfach nicht gut genug wäre, um in den Schulen gelesen oder unterrichtet zu werden. Doch wer unter der rassistischen Apartheid aufwächst, lernt eine gesunde Skepsis gegenüber der Dominanzkultur. Schwarzen Kindern wurde schon früh beigebracht, dass sie den Weißen und ihrer Sicht auf die Welt nicht ›trauen‹ sollten. Denn unser Wohlergehen und unser Intellekt interessierten sie nicht. Als ich dann auf eigene Faust nach Schwarzen Schriftsteller:innen suchte, fand ich uns: Ich fand James Weldon Johnson, Langston Hughes, Georgia Douglas Johnson und viele andere. Ich entdeckte eine Welt der Lyrik, die von Schwarzen geschrieben wurde und die ebenso wunderbar und fesselnd war wie das Werk meiner geliebten Emily Dickinson. Meine persönliche Liste wichtiger Bücher bestand aus den Werken jener Schriftsteller:innen, mit denen ich eine inspirierende Verbundenheit verspürte, die mir persönlich ›groß‹ erschienen, weil sie mir Worte, Weisheiten und Visionen gaben, die kraftvoll genug waren, mich und meine Welt zu verändern.

Glücklicherweise kam ich gerade Ende der 1960er-Jahre aufs College. Damals bahnte sich eine große Revolution im Bildungswesen an, als radikale und progressive Wissenschaftler:innen zu hinterfragen begannen, inwieweit rassistische und sexistische Vorurteile den Lehrplan prägten. Die Lehrenden sahen sich gezwungen, darüber nachzudenken, dass ihre Entscheidungen darüber, was gelesen und studiert werden sollte, nicht politisch neutral waren. In der akademischen Welt der Literaturwissenschaft wurde der traditionell ausschließliche Fokus auf das Schreiben und Denken vermeintlich ›großer‹ weißer Männer infrage gestellt. Lehrende begannen, auch nicht-männliche und nicht-weiße Autor:innen zu berücksichtigen. Doch in meinem ersten Studienjahr diskutierten die Professor:innen noch offen und kontrovers über die Frage, ob die Werke weißer und Schwarzer Schriftstellerinnen ›gut‹ genug waren, um berücksichtigt zu werden. Unabhängig vom Standpunkt der einzelnen Professor:innen hatte sich der Lehrplan aber bereits geändert, und es schien, als gäbe es kein Zurück mehr. Denn die Bürgerrechtsbewegung und die feministische Bewegung hatten die Vorherrschaft der weißen Männer für immer infrage gestellt. Die Schriftsteller:innen und Wissenschaftler:innen, die wir studierten, wurden zunehmend diverser, was unweigerlich dazu führte, dass rassistische und sexistische Vorurteile infrage gestellt wurden. Studierende mit einem gewissen Problembewusstsein lernten, sich von Kursen fernzuhalten, in denen sich die Professor:innen weigerten, über die Art und Weise nachzudenken, in der Rassismus und Sexismus die Wahl ihrer Lektüre und ihrer Studieninhalte beeinflussten.

An vielen geisteswissenschaftlichen Colleges mussten Professor:innen, die an der Dominanzkultur festhielten, immer öfter feststellen, dass die Studierenden aus ihren Kursen abwanderten, um bei denen zu studieren, die bereit waren, inklusiver zu sein. Dabei spielte es keine Rolle, ob die Professor:innen, die sich für Inklusion, d. h. für die Einbeziehung neuer Werke, einsetzten, konservativ oder radikal waren; entscheidend war, dass sie sich weigerten, rassistische und sexistische Hierarchien im Lehrbetrieb zu verstärken. Erfolgreiche Lehrplanänderungen, die Inklusion und Diversität förderten, bedrohten den Status quo, und auch die Verfechter:innen imperialistischer, weiß-suprematistischer, kapitalistischer und patriarchaler Vorurteile fühlten sich bedroht. Leider kam es dann zu einem heftigen Backlash. Zentraler Austragungsort für die propagandistische Verbreitung von Falschinformationen wurden die Massenmedien. Sie erzählten der Welt, dass weiße männliche Schriftsteller und Wissenschaftler nicht mehr studiert und die Klassiker in allen Bereichen ignoriert würden, dass ›großartige‹ Werke der Literatur und der Wissenschaft zugunsten mittelmäßiger Werke verdrängt würden. Das stimmte einfach nicht. Dennoch wurde die breite Masse darin bestärkt, Inklusion als Bedrohung zu sehen. Da dieses Publikum wenig oder gar keine Vorstellung von der Struktur von Studiengängen hatte, war es leichte Beute für all jene Kräfte, die Angriffe auf die vermeintliche Tyrannei der ›politischen Korrektheit‹ starten wollten.

In Wirklichkeit hat die Orientierung an Diversität das Lernen neu belebt, indem sie die Bildung so verändert hat, dass sie nicht mehr die Vorurteile widerspiegelt und aufrechterhält, die dem imperialistischen, weiß-suprematistischen, kapitalistischen und patriarchalen Denken eigen sind. Sie gab dem Lehren und Lernen die Integrität zurück, die lange Zeit gefehlt hatte. Oft sorgten neue und andersartige Lehrveranstaltungen, die eine größere Diversität bei den behandelten wissenschaftlichen und literarischen Werken aufwiesen, sogar in den ›traditionellen‹ Fachbereichen, die mit geringen Anmeldezahlen zu kämpfen hatten, für einen belebenden Aufschwung. Die Diversität im Unterricht, sowohl in Bezug auf die anwesenden Personen als auch auf die behandelten Themen, sorgte in den meisten Fällen für einen konstruktiveren Dialog und für mehr Engagement. Doch entgegen aller von den konservativen Massenmedien verbreiteten Falschinformationen gab es in Wirklichkeit nie eine Hochschule, an der der hegemoniale, weiß und männlich geprägte Kanon verdrängt worden wäre. Und von den Studierenden, die sich auf einen konventionell geprägten Studiengang konzentrieren wollten, wurde niemand gezwungen, Kurse zu belegen, die auf eine größere Vielfalt und den Abbau von Vorurteilen abzielten. Frauenstudien und feministische Studien waren die Studiengänge, in denen die Kritik an der weißen männlichen Hegemonie besonders laut wurde. Daher unterstellten konservative Meinungsmacher:innen in den Massenmedien, dass feministisch orientierte Lehrende die Studierenden so beeinflussten, dass sie sich dem Studium weißer männlicher Geisteswissenschaftler und Schriftsteller verweigern würden. In meiner gesamten Lehrtätigkeit, die sich über mehr als dreißig Jahre erstreckt, habe ich noch nie gehört, dass eine Professorin für Frauenforschung empfohlen hätte, Studierende sollten sich nicht mit weißen männlichen Schriftstellern und Wissenschaftlern beschäftigen. Feministische Wissenschaftlerinnen ermutigen ihre Studierenden lediglich, Vorurteile zu hinterfragen und kritisch über männliche Vorherrschaft und die Schnittstellen von Race und Klasse nachzudenken. Diese Wahrheit über das feministische Denken haben die Massenmedien der Öffentlichkeit nie mitgeteilt.

Die Massenmedien sind bestrebt, Botschaften zu vereinfachen, so dass die meisten der komplexen wissenschaftlichen Themen im Zusammenhang mit Diversität von ihnen nie genau oder vollständig übermittelt werden. Selbst progressive Wissenschaftler:innen haben Schwierigkeiten, eine angemessene Sprache zu finden oder zu schaffen, um diese Themen zu diskutieren. Natürlich fällt es vielen feministischen Literaturwissenschaftlerinnen schwer, den Studierenden unsere Überzeugung zu vermitteln, dass es wichtig ist, Werke von Autor:innen zu lesen, die möglicherweise rassistisch, sexistisch, klassenelitär oder homofeindlich sind. Einer meiner amerikanischen Lieblingsautoren ist der weiße Südstaatenschriftsteller William Faulkner. In seinen Werken finden sich sowohl sexistische als auch rassistische Einstellungen; doch dieses Manko bedeutet nicht, dass es nicht auch viele andere, positive Aspekte in seinem Werk gibt. Wenn ich mich einem Schriftsteller zuwende, der zu einer Zeit geschrieben hat, in der vorurteilsbehaftetes Denken eher akzeptiert war, dann nähere ich mich seinem Werk mit dem Bewusstsein, dass er mit seinem Schreiben viele verschiedene Absichten verfolgt. Schriftsteller:innen können schreiben, um die besondere Schönheit einer Landschaft zu vermitteln, und sie tun dies mit erstaunlicher, ehrfurchtgebietender Brillanz, aber sie können ebenso rassistische und sexistische Äußerungen von sich geben. Wenn das Werk dieser Schriftsteller:innen durch die Art und Weise, wie sie mit Sprache umgehen oder die Landschaft beschreiben, mein Innerstes anspricht, wird sich meine Aufmerksamkeit auf die Aspekte der Werke richten, die mich faszinieren.

Mein Lieblingsroman von Faulkner ist *Licht im August*. Der Titel selbst weckt Erinnerungen an meine Kindheit in den Südstaaten, an die Art und Weise, wie sich die Natur und das Licht mit dem Wechsel der Jahreszeiten verändern, an den Übergang vom Sommer zum Herbst. Natürlich gibt es in diesem Roman viele rassistische und sexistische Passagen; Faulkner war in dieser Hinsicht ein Mann seiner Zeit. Doch in seiner transzendenten Vision war er ein Mann, dessen Vorstellungskraft weit über das Denken seiner Zeit hinausging. Wir sollten uns jedoch in Erinnerung rufen, dass Schriftsteller:innen in jeder historischen Epoche immer eine bewusste politische Entscheidung trafen, wenn sie ihr Werk als Medium nutzten, um die Dominanzkultur zu bekräftigen. Denn umgekehrt gab es auch in jeder historischen Epoche Wissenschaftler:innen und Schriftsteller:innen, die es wagten, sich über die Zwänge der herrschenden Kultur ihrer Zeit hinaus etwas vorzustellen und damit eine politische Entscheidung zu treffen.

Einerseits profitierte Faulkner in hohem Maße davon, dass er seine unverdienten Privilegien in Bezug auf Race, Klasse und Gender weitgehend unkritisch akzeptierte. Andererseits empfand er jedoch eine tiefe emotionale Verbundenheit mit den unterdrückten, ausgebeuteten Schwarzen Dienstboten, die sich um sein Wohlergehen kümmerten, sowohl als

Kind als auch als Erwachsener. Dies ist das Paradoxon, das jedem Herrschaftssystem innewohnt – dass es kein ›absolutes‹ oder geschlossenes System gibt. So konnte die Ideologie der rassistischen Apartheid zwar verordnen, dass Weiße und Schwarze im amerikanischen Süden einander nicht nahe sein durften, aber dennoch gab es emotionale Verbindungen. Es wurden Bande der Vertrautheit und Zuneigung geknüpft. Diese Vertrautheit und diese Gefühle gegenseitiger Wertschätzung haben das System der rassistischen Vorherrschaft nicht beseitigt, aber zweifellos hat die Überschreitung der Grenzen dazu beigetragen, jenes emotionale Klima zu schaffen, das später für die Weißen des Südens, die sich im Kampf für die Bürgerrechte engagierten, als wichtiger Orientierungsrahmen dienen sollte.

Ich war noch ein Teenager, als ich zum ersten Mal *Licht im August* las. Damals war ich tief bewegt von Faulkners fiktiver Darstellung der Lena, einer armen weißen Frau, die es wagt, von zu Hause wegzugehen. Ich lernte einige Zeilen, die Lena in dem Roman spricht, auswendig und sagte sie mir immer einmal wieder auf, als mein Lebensweg mich weit weg vom Vertrauten führte, weg vom Süden, weg von zu Hause. An Stellen mit rassistischen und sexistischen Gedanken in dem Buch kann ich mich kaum erinnern. Und es wäre ein enormer Verlust für meine Selbst- und Identitätskonstruktion gewesen, wenn ich mich geweigert hätte, Faulkner zu lesen, weil er rassistisch und sexistisch war. Natürlich habe ich, als ich Professorin für amerikanische Literatur wurde und sein Werk lehrte, die Vorurteile und den rassistischen Hass, den seine Figuren zum Ausdruck bringen, nicht ignoriert oder beschönigt, aber ich habe dies auch nicht zum zentralen Thema unserer kritischen Lektüre gemacht.

Wahrscheinlich hat kein Denker und Schriftsteller aus den Südstaaten meinen Intellekt so sehr geschult wie der Weiße Wendell Berry, und doch finde ich sein Werk bisweilen recht sexistisch. Da ich seine Arbeit bewundere und Gelegenheit hatte, mit ihm öffentlich und privat in Kontakt zu treten, macht mich seine Bindung an das Patriarchat traurig, weil sie uns daran hindert, einander wirklich kennenzulernen. Doch dieses Wissen ändert nichts an all dem, was ich beim Lesen und Studieren seiner Arbeit weiterhin lerne. Auch er ist ein Mann seiner Zeit, wenn es um die Genderfrage geht, aber davon abgesehen kämpft er radikal gegen die meisten Formen der Vorherrschaft in unserem Land. Das sexistische Denken stellt einen Schwachpunkt in seinem Werk dar, und es würde seiner gesamten Arbeit gegen Herrschaftsverhältnisse sehr zugute kommen, wenn er in Bezug auf die Genderfrage progressiver wäre. Doch selbst wenn sich sein sexistisches Denken nie ändern würde, wäre sein Werk immer noch von enormer Bedeutung.

Wenn wir Lieblingsschriftsteller:innen und -wissenschaftler:innen haben, deren Arbeit wir lieben und von denen wir lernen können, die aber immer noch dem Vorherrschaftsdenken verhaftet sind, in welcher Form auch immer, dann ist das enttäuschend. Und diese Enttäuschung ist immer da, im Schatten unserer Wertschätzung und unserer Freude. Wer zu einer Gruppe gehört, die entrechtet, ausgebeutet und/oder unterdrückt wird, weiß ganz genau, dass alle Wissenschaftler:innen oder Schriftsteller:innen, die die Dominanzkultur unterstützen, selbst wenn sie dies in der Unschuld der Unwissenheit tun, eine Welt unterstützen, die dich verletzt. Es ist nicht anders, als wenn du in einer Beziehung mit einem Menschen lebst, der die meiste Zeit fürsorglich ist, dich dann aber immer einmal wieder schlecht behandelt und missbraucht. Auf lange Sicht leidet diese Beziehung darunter. Schwarze Menschen haben sehr wenig über die Auswirkungen auf ihre Psyche geschrieben, wenn sie Werke lesen, in denen Schwarze Figuren entmenschlicht werden. Sicherlich ist meine Freude an Huckleberry Finn nie so vollkommen wie die der weißen Leser:innen. Ich kann Huck nicht von ganzem Herzen bewundern, denn es gibt für mich keine Perspektive, in der Jim nicht vorkommt. Und ich kann den Ausdruck »N***** Jim« nie hören, ohne zu erschaudern. Ungeachtet der Hautfarbe oder der ›ethnischen‹ Zugehörigkeit dürfte es allen Leser:innen, die dabei sind, den Rassismus zu verlernen, ebenso schwerfallen, Huck uneingeschränkt als Helden zu sehen. Das ist in der Tat eine Frage der politischen Einstellung und der Perspektive.

An dem College, an dem ich jetzt unterrichte, wählen die Professor:innen oft gemeinsam ein Buch aus, das im ersten Studienjahr von allen gelesen werden soll. In dem Jahr, in dem ich meine Stelle antrat, erhielt ich ein Exemplar des Buches, das die Studierenden lesen sollten, einen Roman über eine weiße Frau, in dem es um den Kohlebergbau und den Kampf um die Gründung von Gewerkschaften geht. Es wurde angenommen, dass die Lektüre dieses Romans den Studierenden helfen würde, die politischen Verhältnisse in den Appalachen besser zu verstehen. Während die Autorin eindeutig bestrebt war, eine neue Rolle für weiße weibliche Charaktere zu schaffen, indem sie sie als feministisch, radikal und mutig darstellte, folgte ihre Darstellung Schwarzer Charaktere einem stereotypen, rassistischen Skript. Weiße männliche Figuren bringen im gesamten Roman ihren rassistischen Hass zum Ausdruck, und der gewerkschaftlich orientierte, radikale Schwarze Mann wird brutal ermordet. Als ich meinen Kolleg:innen gegenüber anmerkte, dass es für Schwarze Studierende aus den Appalachen, insbesondere für diejenigen, die zur ersten Generation gehörten, die das College besuchten, entmutigend sein könnte, fiktiv mit solch stark negativen, rassistischen Gefühlen und Darstellungen bombardiert zu werden, reagierten sie auf die altbekannte Weise und beharrten darauf, dass der von den Figuren zum Ausdruck gebrachte Rassismus »damals eben einfach so war«. Natürlich habe ich darauf hingewiesen, dass Sexismus und Frauenfeindlichkeit damals auch offen geäußert wurden, dass aber die Autorin es offensichtlich für wichtig hielt, ein progressiveres Bild weißer Frauen zu zeichnen. Und auch hier muss gesagt werden, dass fiktionale Werke nicht unbedingt immer den herrschenden Verhältnissen oder der Realität entsprechen müssen, und das tun sie in der Regel auch nicht. Umso kritischer müssen Leser:innen sein, wenn Figuren starke Vorurteile und Hass gegenüber einer bestimmten Gruppe äußern.

Sicherlich bin ich eher bereit, Werke aus der Vergangenheit zu lesen, die stereotype rassistische, sexistische und/oder homofeindliche Gedanken enthalten, wenn es einen größeren Kontext gibt, in dem die zum Ausdruck gebrachte Vision umfassender ist. Bei der Lektüre von Gegenwartsliteratur bin ich weniger bereit, mich auf Werke einzulassen, die in ihrer Darstellung irgendeiner Gruppe massiv vorurteilsbehaftet sind. Während meines Studiums habe ich gelernt, kritisch über Race, Klasse, Gender und Sexualität nachzudenken. Und ich wurde mir der Tatsache bewusst, dass es fast immer schmerzhaft ist, mit einer Gruppe identifiziert zu werden, die in einer stereotypen, hasserfüllten Weise dargestellt wird, insbesondere in Werken, die die Hegemonie des imperialistischen, weiß-suprematistischen, kapitalistischen Patriarchats verstärken. Wenn ich z. B. einen Roman behandle, in dem eine brutale Vergewaltigung dargestellt wird, bin ich mir darüber im Klaren, dass jede Person im Kurs, die selbst eine Vergewaltigung erfahren musste, dieses Werk anders erleben wird und sich ihm nur mit Vorsicht nähern sollte. Ohne die Aufmerksamkeit auf eine bestimmte Person lenken zu müssen, kann ich in der Lehrveranstaltung einfach darauf hinweisen, dass es in dem Werk Inhalte gibt, die verstörend oder schmerzhaft sein könnten. Und wenn ich heute meinen geliebten William Faulkner unterrichten würde, würde ich mir mehr Zeit als vor zwanzig Jahren nehmen, um den politischen Kontext zu erörtern, der den Hintergrund für sein Schreiben bildete. Dabei geht es nicht darum, sein Werk in irgendeiner Weise zu schmälern, sondern vielmehr darum, die Studierenden in die Lage zu versetzen, seine Zugehörigkeit zur Dominanzkultur ins rechte Licht zu rücken und zu analysieren, wie er fiktionale Mittel einsetzt, um diese Werte aufrechtzuerhalten oder zu hinterfragen.

Leider werden Fragen der Diversität, die einst offen angesprochen wurden, innerhalb und außerhalb des Unterrichts immer öfter totgeschwiegen oder durch Falschinformationen diskreditiert. Da die globale Oligarchie hier und überall zur politischen Norm wird, brauchen wir jedoch eine Bildung, die sich mit der Diversität der Welt auseinandersetzt. Mehr als je zuvor müssen Studierende unvoreingenommene Perspektiven kennenlernen, seien sie nun konservativ oder fortschrittlich. Mehr als je zuvor müssen Lernende und Lehrende die Unterschiede in Bezug auf Nationalität, Race, Gender, Klasse und Sexualität vollständig verstehen, wenn wir Wissensformen schaffen wollen, die Bildung als Praxis der Freiheit stärken.

19

Anerkennung für Lehrende

Bei jüngeren Schulkindern können wir eine Ehrfurcht vor den Lehrkräften beobachten, die jedoch bald wieder verschwindet. Kleine Kinder, die zum ersten Mal von zu Hause weggehen und in die Schule kommen, lernen, dass sie darauf vertrauen müssen, dass sich die Lehrperson um ihr Wohlergehen kümmert, genauso wie sie ihren Eltern diesbezüglich vertrauen müssen. In der Regel bestärken die Eltern sie in ihrem Vertrauen in die Lehrperson, weil sie selbst dieses Vertrauen haben. Wäre dies nicht der Fall, könnten sie nicht davon ausgehen, dass in der Schule gut für ihre Kinder gesorgt ist. Wenn die Schüler:innen dann im Teenageralter sind, neigen sie dazu, Lehrer:innen als negative Autoritätsfiguren oder gar als Feind:innen zu betrachten, anstatt ihnen den gebührenden Respekt und Achtung entgegenzubringen. Wie auch immer, es ist unmöglich, dass Bildung in einem Kontext stattfindet, in dem Disziplinierung und Bestrafung die sozialen Beziehungen bestimmt. Wenn eine offenkundige hierarchische Machtdynamik die Beherrschung der Schwachen durch die Starken akzeptabel macht, dann werden die Lernenden die Lehrenden nicht respektieren und umgekehrt. Sie mögen zwar Ehrerbietung zeigen, aber im Kern ist dies nicht Respekt, sondern Unterordnung.

In meinen Gesprächen mit Lehrenden, vor allem an öffentlichen Schulen, höre ich oft Klagen, dass der Mangel an Respekt ihnen gegenüber bereits im Elternhaus beginnt. Viele von ihnen erwähnen den heute allgegenwärtigen Narzissmus und seine Auswirkungen auf junge Menschen. Sie sprechen von der Respektlosigkeit vieler Jugendlicher gegenüber ihren Eltern, weil diese ihre Kinder verhätscheln und verwöhnen, aus Angst, sie könnten deren Zuneigung verlieren. Traurigerweise gibt es aber auch Eltern, deren Bindung an ihr Kind so schwach ist, dass sie sich bedroht fühlen, wenn es seine Zuneigung zu einer Lehrperson zeigt. Diese Eltern befürchten, dass die Lehrperson zu viel Einfluss haben könnte, und bringen ihr Kind daher dazu, diese nicht zu respektieren. Manchmal vermittelt eine Lehrperson auch ein Wissen, das die Selbstverwirklichung des Kindes stärkt, aber solch ein Wachstum wird im Elternhaus nicht weiter gefördert.

Hinzu kommt, dass viele Lernende, vor allem an Hochschulen, Bildung als bloße Ware ansehen. Entsprechend betrachten sie die Lehrenden als niedere Arbeitskräfte in der ›Fabrik‹ des Wissens, als Dienende, wie Zimmermädchen und Hausangestellte, die zu missachten und geringzuschätzen ihnen beigebracht wurde. An Colleges und Universitäten, an denen viel Geld für Studiengebühren gezahlt wird, ist die Tendenz, Lehrende als bloße Dienstleistende zu begreifen, noch größer, da die Studierenden sich selbst (über ihre Eltern) als diejenigen sehen, die das Gehalt der Lehrenden bezahlen. Sowohl an öffentlichen Schulen als auch an Colleges kommt es häufig sogar zu Gewalt gegen Lehrende, wenn Lernende versuchen, diese einzuschüchtern. Aus Angst vor Gewalt glauben viele Lehrende, dass es am besten ist, sich von den Lernenden fernzuhalten. Sie glauben, dass eine emotionale Distanz zu den Lernenden sicherstellt, dass es nicht zu Konflikten kommt. Wenn jedoch keine echte Nähe zwischen Lehrenden und Lernenden entstehen kann, wird der Lernprozess beeinträchtigt.

In der Highschool kann es sein, dass einzelne Lernende eine Lehrperson wirklich mögen und als wichtigen Einfluss sehen, aber dennoch einen Mangel an Respekt zeigen. Ähnlich wie in der Highschool mögen auch Studierende am College vielleicht bestimmte Professor:innen und zollen ihnen Respekt. Diese Ehrerbietung kann allerdings auch von der Absicht geprägt sein, sich bei ihnen einzuschmeicheln. In der Regel zeigen Lehrende, dass sie Studierende wertschätzen, bevor die Studierenden ihrerseits eine solche Wertschätzung zeigen. Hier spiegelt sich das ungleiche Machtverhältnis wider. Studierende fürchten sich vor Ablehnung, Professor:innen ebenso, aber in der Regel ist unser Selbstwertgefühl intakter.

Wann immer sich eine Lehrperson – egal ob an einer öffentlichen Schule oder an einer Hochschule – mit einzelnen Lernenden anfreundet, besteht die Gefahr, dass dies missverstanden wird. Das Lehr-Lern-Verhältnis ist, egal wie positiv oder konstruktiv es auch sein mag, immer eine Beziehung, die der Lehrperson eine größere Autorität verleiht, und bei aller Verbundenheit, die vielleicht entsteht – es bleibt eine hierarchische Beziehung. In den ersten Jahren meiner Lehrtätigkeit als Assistentin an der Yale University hielt ich es für sinnvoll, den Studierenden zu Beginn der Lehrveranstaltung mitzuteilen, dass ich sie zwar sehr schätzte, dass sich aber die Qualität ihrer Arbeit in ihren Noten widerspiegeln würde, wenn sie sich nicht anstrengten oder die erforderlichen Aufgaben erledigten. Ich beschloss, diese Tatsache offen auszusprechen, weil ein Student, für den ich sehr viel Zuneigung empfunden hatte, zu Beginn meiner Lehrtätigkeit schlechte Leistungen erbracht hatte und am Boden zerstört gewesen war, als sich sein mangelhaftes Engagement im Unterricht dann in seinen Noten widerspiegelte. Er kam in meine Sprechstunde und sagte immer wieder: »Ich dachte, Sie mögen mich«. Ich machte ihm deutlich, dass ich ihn immer noch mochte, wies aber darauf hin, dass ich ihm einen schlechten Dienst erweisen würde, wenn ich ihn mit einer Note belohnte, die er nicht verdiente.

Die Annahme, dass Zuneigung die ungleiche Beziehung zwischen Lehrenden und Lernenden auflöst, ist einer der Gründe dafür, dass es den Lernenden in unserer Gesellschaft schwerfällt, Lehrende zu verehren. In jeder Gesellschaft, die vom imperialistischen, weiß-suprematistischen, kapitalistischen Patriarchat geprägt ist, werden die meisten Beziehungen, die mit Hierarchie zu tun haben, nach dem Modell der Herrschaft strukturiert. Riane Eisler erklärt dieses Modell in ihrem Buch *The Power of Partnership*: »Im Herrschaftsmodell muss jemand oben und jemand unten sein. Diejenigen, die oben sind, kontrollieren die, die unten sind. Die Menschen lernen schon in der frühen Kindheit, Befehle zu befolgen, ohne sie infrage zu stellen.« Da viele unserer Lernenden so denken, sind sie oft gehorsam und zeigen viel Ehrerbietung, ohne echte Wertschätzung zu empfinden.

Unser Bildungswesen wird sich von Grund auf verändern, wenn Lehrkräfte jeglicher Bildungsstufe die verdiente Wertschätzung erfahren.

Wenn Lehrende verehrt, wirklich bewundert und respektiert werden, verbessert sich unsere Fähigkeit zu lehren und zu lernen. Dies wird in westlichen Gesellschaften oft missverstanden, wo Ehrfurcht mit Unterordnung verwechselt wird. Einer Lehrperson mit Ehrfurcht zu begegnen, erfordert keine Unterordnung. In einer demokratischen Gesellschaft, in der so viel Wert auf Gleichheit gelegt wird, wird leicht vergessen, dass Ungleichheit nicht zwangsläufig bedeutet, dass Herrschaft ausgeübt wird. Zu Beginn der feministischen Bewegung waren viele feministische Hochschullehrende darauf bedacht, nicht als Beherrschende aufzutreten, die die Studierenden entmenschlichen und ungerechtfertigte Macht über sie ausüben, weshalb sie sich bemühten, sich so zu verhalten, als seien Lehrende und Studierende gleichberechtigt. Diese Verleugnung der realen Hierarchie erschwerte es den Studierenden, die Lehrenden voll zu respektieren und zu lernen. Die Lerngruppe entwickelte sich so zu einer Gemeinschaft ohne Integrität.

Wir sind im Unterricht nicht alle gleichberechtigt. Lehrende haben mehr Macht als Lernende. Und in einer Dominanzkultur ist es für die Lehrkräfte ein Leichtes, diese Macht zu missbrauchen. Oft fühlen sich Lernende, die im Dominanzdenken aufgewachsen sind, unwohl mit Lehrpersonen, die dieses Paradigma ablehnen und versuchen, ein Klima der Gleichberechtigung im Unterricht zu schaffen. Doch im Kontext einer solchen Wechselseitigkeit kann sich durchaus eine Partnerschaft zwischen Lehrenden und Lernenden entwickeln. In dieser Partnerschaft können Zuneigung und Freundschaft herrschen, während gleichzeitig die Rolle der Lehrperson gebührend respektiert wird. Riane Eisler meint, dass »das Partnerschaftsmodell respektvolle und fürsorgliche Beziehungen fördert« und vor allem, dass »Macht auf eine Weise ausgeübt wird, die andere befähigt und nicht entmachtet«.

Um ein stärkeres Gefühl der Wechselseitigkeit im Unterricht zu erreichen, müssen die Lehrenden es wagen, den Lernenden die Bedeutung der gegenseitigen Achtung und des Respekts zu vermitteln. Wir müssen bereit sein, die Hierarchie anzuerkennen, die eine reale Tatsache unseres unterschiedlichen Status ist, und gleichzeitig zeigen, dass der unterschiedliche Status nicht zu Dominanz oder Machtmissbrauch führen muss. Wenn in unserer Gesellschaft endlich wirklich echte Hochachtung vor der Lehrtätigkeit empfunden wird, dann wird es Rituale der Wertschätzung geben, die alle, insbesondere die Studierenden, dazu bringen, die Lehrkräfte anzuerkennen und zu respektieren. Und jede einzelne Lehrperson, die von ihren Lernenden Respekt und Verehrung erfährt, weiß, wie sehr diese Bestätigung unsere Fähigkeit zu lehren stärkt und unsere Zufriedenheit mit dem Unterrichten erhöht.

20

Wenn Lehrende dem Lernen im Weg stehen

Da ich der Meinung bin, dass Bildung wichtig für die Persönlichkeitsentwicklung und die Selbstverwirklichung ist, investiere ich viel Zeit darin, Menschen, die entweder nie studiert oder ihr Studium abgebrochen haben, zu ermutigen, wieder an die Universität zu gehen. Eine der häufigsten Erklärungen, die ich höre, warum sie nicht in der Lage waren, einen Abschluss zu machen, ist, dass die Kurse, die sie besuchten, einfach ›zu langweilig‹ waren. Wenn man die Leute bittet, zu erklären, was einen langweiligen Kurs ausmacht, schieben sie die Schuld meist allein auf die Lehrperson. Sie denken nicht daran, dass der Unterricht und das, was dort geschieht, erst durch das gegenseitige Zusammenspiel von Lehrenden und Lernenden erschaffen werden. Für sie ist der Unterricht alleiniges ›Hoheitsgebiet‹ der Lehrkraft, und sie allein bestimmt, was dort geschieht. Dies ist die Art und Weise, wie die meisten Studierenden gelernt haben, über Lehrveranstaltungen zu denken. Das Unterrichtsgeschehen wird jedoch niemals nur von der einen Lehrperson bestimmt, auch wenn sie noch so langweilig sein sollte.

Während meines Bachelor- und Masterstudiums habe ich festgestellt, dass die meisten meiner Dozent:innen keine überzeugenden Lehrkräfte waren. Viele von ihnen wirkten langweilig, weil sie sich für das Wissen, das sie vermitteln wollten, überhaupt nicht begeistern konnten. Im Nachhinein erinnere ich mich nur an sehr wenig aus diesen Kursen, vor allem an die Langeweile. In meinem Hauptfach Englisch war ich oft von den Büchern, die wir lesen sollten, begeistert, auch wenn ich die Referate und Diskussionen im Kurs weniger interessant fand. Sind die zum Lesen und Studieren angebotenen Werke faszinierend, kann dies auch dann noch als Lerngrundlage dienen, wenn die Lehrveranstaltung selbst nicht gerade fesselnd ist. In den ersten Jahren meiner Lehrtätigkeit wollte ich auf keinen Fall langweilig sein, also habe ich versucht, Unterrichtsstrategien zu entwickeln, um alle zu beteiligen. In dieser Zeit dachte ich sehr kritisch über das Unterrichten nach und verstand die Lehrveranstaltung in erster Linie als eine Lerngemeinschaft, die die gemeinsame Beteiligung von Lehrenden und Lernenden erfordert. Ich ließ die Studierenden wissen, dass sie ebenfalls für die Schaffung und Aufrechterhaltung einer konstruktiven Unterrichtsdynamik mitverantwortlich waren, was mir half, mein anfängliches Gefühl, dass es allein an mir war, den Kurs zu einem interessanten Lernort zu machen, mehr und mehr loszulassen.

Wenn sich heute Studierende bei mir darüber beschweren, wie langweilig ein bestimmter Professor ist, frage ich sie als Erstes, was sie selbst zur Dynamik im Unterricht beigetragen haben. Natürlich haben die Professor:innen mehr Macht und tragen auch mehr Verantwortung für das, was im Unterricht passiert, aber auch die Studierenden bestimmen die Lernatmosphäre mit. Selbst wenn eine Lehrperson besonders diktatorisch ist und fast nur allein redet, entscheidet die Tatsache, ob die Studierenden aktiv oder passiv zuhören, darüber, ob die Energie im Kurs positiv oder negativ ist. Kurz gesagt, es gibt Fälle, in denen Kurse, die von langweiligen und/oder unkommunikativen Professor:innen gehalten werden, durch den Enthusiasmus und das Engagement der Studierenden interessant werden.

In seiner unveröffentlichten Abhandlung *Learning Redefined* vertritt Professor Dennis Rader die Ansicht, dass »die Lehrtätigkeit eine Führungsaufgabe ist«. Allerdings besitzen viele Lehrende keine Führungsqualitäten, selbst wenn sie das Fach, das sie studiert haben, wirklich lieben. Ihr Handicap als Lehrperson wird noch gravierender, wenn die Lernenden gezwungen werden, sich anzupassen und zu fügen. Rader erklärt: »Wenn wir das Lernen neu definieren, wird genauer darauf geachtet werden müssen, was für unsere Lernenden intellektuell und emotional förderlich ist. (...) Wir sollten niemals so unterrichten, dass sie einfach nur gehorchen müssen und nicht selbst denken dürfen. Wir sollten auch nicht in einer Weise unterrichten, die Ressentiments und Widerstand hervorruft.« Genauso wie der Lernwille der jungen Menschen geweckt und gefördert werden sollte, müssen auch die Lehrpersonen lernen, wie sie effektiv unterrichten können. Eine ältere Studierende erzählte mir einmal, dass sie einen Kurs besucht hatte, in dem der Professor so schnell sprach, dass die meisten Studierenden seinen Ausführungen nicht folgen konnten, aber niemand gab ihm konstruktives Feedback. Die Studierenden beklagten sich zwar untereinander, aber sie gaben die Information, die ihm vielleicht geholfen hätte, eine bessere Führungspersönlichkeit zu werden, nicht an ihn weiter. Rader meint: »Wenn wir das Wesen des Lernens begriffen haben, werden wir die ganze Methodenschulung vergessen und den Lehrenden helfen, zu verstehen, wie sie in ihrem Unterricht Bedingungen schaffen und aufrechterhalten können, damit Lernen in Gang kommt – denn Lernen ist ein sich entwickelnder Prozess«. Die meisten Lehrenden wollen durchaus effektiv arbeiten. Nur sehr wenige wollen bewusst langweilig sein.

Es ist leichter, einer Lehrperson zu helfen, die zwar fachlich engagiert ist, der es aber an Kommunikationsfähigkeit mangelt, als einer Lehrperson, die nicht engagiert und zudem auch noch gemein gegenüber den Studierenden zu sein scheint. Eine brillante Schwarze Frau über vierzig, die den Entschluss fasste, an die Hochschule zurückzukehren und die letzten zwei Jahre ihres Studiums nachzuholen, stellte fest, dass das schwierigste Hindernis für sie darin bestand, in Kursen, in denen die Lehrenden einfach nicht engagiert waren, einen Sinn zu finden. Oft unterrichten Professor:innen, die als furchtbar langweilig und/oder desinteressiert gelten, ausgerechnet die Kurse, die die Studierenden belegen müssen, um ihren Abschluss zu machen. Und in der Regel lassen sich diese Kurse nicht umgehen. Meistens lernen die Studierenden in einem solchen Kontext nichts; selbst wenn sie in der Lage sind, den Lernstoff wiederzukäuen, ist er schnell vergessen, wenn sie die Lehrveranstaltung verlassen. Leider bemerken Lehrende, denen es egal ist, ob sie ihren Studierenden wirklich etwas beibringen, oft nicht, wie sie diese durch ihr Verhalten entmutigen und beschädigen.

Auch wenn es für Studierende nicht einfach ist, solche Missstände anzusprechen und zu ändern, gibt es Möglichkeiten, die Situation zu verbessern. Die beste Intervention kann darin bestehen, dass alle am Kurs Teilnehmenden einen Brief schreiben, ob mit oder ohne Unterschriften, in dem sie mitteilen, wie sie den Unterricht erleben und aussprechen, was nicht funktioniert, aber auch ihre positiven Absichten und Hoffnungen für den Unterricht zum Ausdruck bringen. Die einzelne Lehrperson, der alles gleichgültig zu sein scheint, ist vielleicht nur deshalb so geworden, weil sie auf Studierende reagiert hat, denen alles gleichgültig zu sein schien. Natürlich gibt es auch Fälle, in denen eine Lehrperson der Dominanzkultur dermaßen verhaftet ist, dass sie die Studierenden als nicht beachtenswert ansieht. In einer solchen Situation besteht die einzige Hoffnung darin, dass die Lernenden im Umgang miteinander Unterstützung und Zuwendung finden können. Grundsätzlich ist es in allen Unterrichtssituationen von entscheidender Bedeutung, dass Lehrende ebenso wie Studierende konstruktiv-kritisches Feedback erhalten. Denn wenn eine Lehrkraft sich nicht bewusst ist, dass sie sich in einer verletzenden oder entmenschlichenden Weise verhält, wird sie ihr Verhalten wahrscheinlich ändern, wenn sie damit konfrontiert wird. Hingegen sollten Lehrkräfte, die ihre Autorität nutzen, um Systeme der Vorherrschaft aufrechtzuerhalten, seien es Rassismus, Sexismus, Homofeindlichkeit, Klassenelitismus oder ungerechte Bevorzugung, unbedingt gemieden werden. Doch auch hier ist es wichtig, sie darauf hinzuweisen, dass ihr Verhalten die Lernenden verletzt und ihnen schadet, sei es durch persönliche Ansprache oder anonyme Briefe.

Hin und wieder können selbst die aufmerksamsten Professor:innen unbeabsichtigt versäumen, den Studierenden die nötige Aufmerksamkeit und Achtung zu schenken. Diese gehen dann vielleicht mit einem schlechten Gefühl aus der Situation heraus. Auch hier gilt: Wir Lehrenden können nicht daran arbeiten, Wunden zu heilen, wenn wir uns nicht bewusst sind, wann und warum Lernende verletzt sind. Wenn sie etwa mit einem schwachen Selbstwertgefühl an die Hochschule kommen, sind sie möglicherweise leichter zu verletzen. Auch können sich Studierende aus marginalisierten Gruppen, die zum ersten Mal ein College besuchen, schneller angegriffen fühlen. Auf weiße Professor:innen, die sich ihnen gegenüber in einer entmenschlichenden Weise verhalten, reagieren sie dann möglicherweise so, dass sie einfach ihr Studium abbrechen oder durchfallen. Im Zuge der Neudefinition von Bildung und Lernen hoffe ich, dass es vermehrt Fortbildungen für Lehrende geben wird, die ihnen ein besseres Verständnis davon vermitteln, welche Verhaltensweisen die Lernenden beeinträchtigen und welche das Lernen fördern.

21

Selbstwertgefühl

Trotz der Tatsache, dass die meisten Hochschulabsolvent:innen später eine Lehrtätigkeit ausüben, werden sie nur wenig oder gar nicht hierauf vorbereitet. Offenbar wird davon ausgegangen, dass allenfalls diejenigen, die auf eine Lehrtätigkeit an öffentlichen Schulen vorbereitet werden, eine entsprechende Ausbildung benötigen, nicht aber die Gruppe, die eine Lehrtätigkeit an Colleges und Universitäten anstrebt. In Anbetracht dieser Tatsache ist es nicht verwunderlich, dass die Frage des Selbstwertgefühls nie als ein Problem angesprochen wird, mit dem sich alle Professor:innen befassen müssen, wenn sie uns darauf vorbereiten wollen, hervorragende Lehrpersonen zu werden. Seit jeher herrscht die Vorstellung vor, dass kluge Menschen ein gutes Selbstwertgefühl haben und deshalb nicht daran arbeiten müssen, es aufzubauen. In Wirklichkeit haben viele ›kluge‹ Kinder ein sehr geringes Selbstwertgefühl und lernen, dass gute Noten die beste Tarnung dafür sind.

Ganz grundsätzlich denken die meisten Menschen, Selbstwertgefühl bedeutet, sich mit sich selbst wohl zu fühlen. Der Psychotherapeut Nathaniel Branden bietet diesbezüglich ein breiteres Verständnis und erklärt, dass ein voll entwickeltes Selbstwertgefühl »die Erfahrung ist, dass wir dem Leben und den Anforderungen des Lebens gewachsen sind«. Weiter erklärt er, »dass Selbstwertgefühl das Vertrauen in unsere Fähigkeit zu denken ist, darin, dass wir die grundlegenden Herausforderungen des Lebens bewältigen können, ebenso wie das Vertrauen in unser Recht, erfolgreich und glücklich zu sein, das Gefühl, wertvoll zu sein, es verdient zu haben, berechtigt zu sein, unsere Bedürfnisse zu befriedigen und unsere Wünsche zu erfüllen, unsere Werte zu leben und die Früchte unserer Bemühungen zu genießen.« Angesichts dieser Definition liegt es auf der Hand, dass die Entwicklung des Selbstwertgefühls schon früh im Leben beginnen und mit dem Heranwachsen und Reifen des Individuums gestärkt werden sollte. In der Tat sind die öffentlichen Schulen das Bildungsumfeld, in dem Fragen des Selbstwertgefühls noch am ehesten diskutiert werden, in der Regel in Bezug auf die Bedürfnisse armer Kinder aus ausgebeuteten und/oder unterdrückten, entrechteten Gruppen. Für viele dieser Kinder ist die Schule der Ort, an dem sie nach Branden eine zweite Chance erhalten, »eine Gelegenheit, sich ein besseres Selbstbild und eine bessere Lebensvision zu erwerben als die, die ihnen zu Hause geboten wurde«. Natürlich wird heute allgemein davon ausgegangen, dass an öffentlichen Schulen knappe Ressourcen und überfüllte Klassenzimmer den Unterricht erschweren. In einem solchen Umfeld bleibt wenig Raum für die Wiederherstellung eines verletzten Selbstwertgefühls.

Bei meiner Lehrtätigkeit an der Universität treffe ich auf Studierende, die in ihrem Selbstwertgefühl tief verletzt sind. Diese Wunden stellen ein ernsthaftes Hindernis für das Lernen dar. Sie treten sowohl bei Studierenden auf, die keine guten Leistungen erbringen und aus ausgebeuteten und/oder unterdrückten Gruppen und möglicherweise aus dysfunktionalen Familien stammen, als auch bei solchen, die zwar durchaus von ihrer Intelligenz überzeugt sind, aber aus dysfunktionalen Familien kommen, in denen sie beschämt und respektlos behandelt wurden. In meinen früheren Büchern über das Unterrichten habe ich darüber geschrieben, wie die Ausbildung, die mir während des Studiums geboten wurde, mein bereits zerbrechliches Selbstwertgefühl angegriffen hat. Professor:innen, die es genossen, bestimmte Studierende, die zum Sündenbock auserkoren wurden, zu beschämen und zu demütigen, waren meiner Erfahrung nach die Regel. Normalerweise waren sie männlich und in den meisten Fällen weiß. Je mehr sie von ihren Fachkolleg:innen für ›brillant‹ gehalten wurden, desto mehr durften sie Studierende ungestraft entmenschlichen und verletzen.

Oft halte ich Vorlesungen an kleinen, exklusiven, überwiegend weißen Liberal Arts Colleges, an denen Schwarze Studierende bzw. Studierende of Color ihre Wut über den Rassismus der Institution und die rassistischen Praktiken der weißen Professor:innen zum Ausdruck bringen. Dabei habe ich mich immer gefragt, warum die sogenannten Besten und Klügsten dieser Gruppen ausgerechnet an ›weiße‹ Institutionen gehen, um sich ausbilden zu lassen, und dort dann viel Energie darauf verwenden, sich über die Allgegenwärtigkeit des Weißseins zu beschweren. Im Laufe der Jahre bin ich vielen dieser Studierenden begegnet und habe ihre Geschichten gehört. Mir ist klar geworden, dass es im Kern ihrer Beschwerden jedoch oft nicht nur um Rassismus geht, sondern um die Art und Weise, in der ihre Gefühle durch Missachtung und Beschämung verletzt wurden. Nach einer Schulzeit, in der sie als ›auserwählt‹ galten und manchmal sogar für ihre Intelligenz gefeiert wurden, war es fast traumatisch, an eine Hochschule zu kommen, wo sie vielleicht einfach ignoriert wurden. Sie zählten dort zwar möglicherweise immer noch zu den Besten und Klügsten, aber die Professor:innen interessieren sich nicht für ihre wissenschaftlichen Fähigkeiten und Leistungen und machen sie damit unsichtbar. Eine solche Praxis der Entmenschlichung ist viel heimtückischer als jeder Frontalangriff. Wenn einzelne Professor:innen mein Selbstwertgefühl mit Spott und Sarkasmus angriffen, reagierte ich in der Regel mit einer Wut, die mich schützte und abschirmte. Diese wütende Abwehrhaltung hinderte mich aber leider oft daran, Freude am Lernen zu empfinden. Glücklicherweise hatte ich in meiner Hochschullaufbahn einige dieser seltenen Dozent:innen, die mir die Möglichkeit boten, kritisches Denken zu lernen, und die mir zeigten, wie man anspruchsvolle Aufgaben bewältigt.

Ein Hauptproblem mit dem Selbstwertgefühl im Unterricht ist, dass es der großen Mehrheit der Lehrenden selbst an dieser sehr wichtigen Charaktereigenschaft mangelt. Und obwohl viele Lehrpersonen fachwissenschaftlich sehr versiert sind, stammen sie oft aus dysfunktionalen Familien und Schulkontexten, in denen unabhängiges Denken unterdrückt und bestraft wurde, in denen Beschämung, Zurechtweisung und verbaler Missbrauch die Norm waren. So ist es kein Wunder, dass an unseren Schulen und Universitäten oft autoritäre Werte vorherrschen. Der Therapeut John Bradshaw beschreibt den Kontext, der das verletzte innere Kind hervorbringt, und kommt zu dem Schluss, dass auf Scham basierende Familienregeln den Kindern fünf Freiheiten vorenthalten: »die Macht, wahrzunehmen, zu denken und zu interpretieren, zu fühlen, zu wollen und zu wählen – und die Macht der Fantasie.« Diese Regeln finden sich in der toxischen Pädagogik wieder. Wenn Studierende zu mir kommen und erzählen, wie ihre Menschlichkeit von Professor:innen angegriffen wird, vor allem von den tyrannischen Lehrertypen, bei denen sie Pflichtkurse belegen müssen, fordere ich sie auf, diese unvermeidliche Realität als Übung zur Stärkung ihres Selbstwertgefühls zu betrachten. Wenn jedoch bei einzelnen Studierenden das Selbstwertgefühl so gering ist, dass der Aufenthalt in einem solchen Kurs für sie lebensbedrohlich ist, sollten sie auf angemessene Hilfe und notwendige Alternativen hingewiesen werden. Ich hoffe, dass es mit der zunehmenden Verbreitung der progressiven Pädagogik auch Möglichkeiten für angehende Lehrkräfte in Ausbildung gibt, sei es an öffentlichen Schulen oder an Hochschulen, um an ihrem verletzten Selbstwertgefühl zu arbeiten.

Während Lehrende an Colleges und Universitäten nach wie vor wenig zum Thema Selbstwertgefühl zu sagen haben, hören diejenigen von uns, denen das Thema am Herzen liegt, die gebrochenen Seelen unserer Studierenden sprechen, wenn sie hinter verschlossenen Türen zu uns kommen, und leider auch dann, wenn wir sie in Krankenhäusern und auf Krankenstationen besuchen, weil sie versucht haben, ihrer Scham durch Selbstmord ein Ende zu setzen. In solchen Momenten spüren wir die Tiefe ihrer Verzweiflung und das ganze Ausmaß ihres verlorenen Selbstbewusstseins. Von den Lehrenden wird die enorme Macht, die wir in Bezug auf das Selbstwertgefühl der Studierenden besitzen, meist verleugnet. Doch wenn wir unsere Macht erkennen, sind wir eher bereit, sie für die Bewusstseinsbildung der Studierenden einzusetzen, damit diese ihr Potenzial voll ausschöpfen können. Denn letztlich ist es die Lehrperson, die zuerst einmal erkennen muss, welcher verborgene Schatz in den Lernenden mit verletztem Selbstwertgefühl liegt. Die Arbeit an der Freilegung dieses Schatzes ist dann ein wechselseitiger Prozess, der den Boden dafür bereitet, dass die Lernenden ein gesundes Selbstwertgefühl aufbauen können.

Ich habe den psychologischen Wachstumsprozess Schwarzer Studierender miterlebt, wenn sie lernen, ihren Geist zu dekolonisieren, indem sie die Altlasten der rassistischen Indoktrination hinter sich lassen, denn diese bieten ihnen keine solide Grundlage für den Aufbau eines positiven Selbst- und Identitätsgefühls. In den ersten Jahren meiner Lehrtätigkeit an der Universität wurde auch ich einer Art Gehirnwäsche unterzogen und war deswegen der Meinung, dass meine Hauptaufgabe darin bestünde, Wissen zu vermitteln, und dass es nicht meine Aufgabe sei, Therapeutin zu sein. Doch schon bald wurde mir klar, dass ich, wenn mangelndes Selbstwertgefühl die Studierenden am Lernen hindert, ihnen helfen musste, diese Barriere abzubauen, damit die Informationen und das Wissen, das ich vermitteln wollte, von ihnen konstruktiv aufgenommen werden konnten.

Ich lernte, die Notwendigkeit zu akzeptieren, meine Studierenden in ihrer psychologischen Entwicklung zu unterstützen, als ich anfing, diese Arbeit als Bereicherung anstatt als Beeinträchtigung meines Unterrichts zu sehen. Dies wurde mir umso deutlicher, als ich oft auf hochintelligente Lernende traf, die lediglich aufgrund ihres geringen Selbstwertgefühls schlechte Leistungen erbrachten. Wenn ich sie unterrichten wollte, musste ich dieses Problem angehen. Sicherlich gibt es viele ›intelligente‹ Lernende, die es schaffen, das Spiel zu lernen, Informationen zu speichern und bei Bedarf Fakten auszuspucken. Dadurch entsteht der Eindruck, dass ein gesundes Selbstwertgefühl nicht wichtig für den Lernprozess sei. Die Schwächen dieser Studierenden werden jedoch deutlich, wenn man sie durch ihre Studienjahre und in den Lehrberuf hinein weiterverfolgt. Leider sind sie später tendenziell eher autoritär und autokratisch, zudem unglücklich mit dem Unterrichten und sadistisch im Umgang mit Lernenden oder schlichtweg gemein.

Lehrende können ein gesundes Selbstwertgefühl bei den Lernenden fördern, indem sie ihnen angemessene Wertschätzung entgegenbringen und sich deren Potenzial bewusst machen. Das bedeutet nicht, dass Lob wahllos verteilt werden sollte. Es bedeutet aber, dass das Aufzeigen von Stärken, die die betreffende Person besitzt, und die Ermutigung, auf dieser Grundlage zu arbeiten, das nötige Vertrauen schaffen kann, das der Schlüssel zum Aufbau eines gesunden Selbstwertgefühls ist. In meinem Unterricht versuche ich, den Studierenden beizubringen, wie sie ihre eigenen Fortschritte selbst einschätzen können, so dass sie nicht nur arbeiten, um mir zu gefallen und gute Noten zu bekommen. Sie werden gestärkt, indem sie so arbeiten, dass sie ihren Anteil an der Note und ihre Eigenverantwortung erkennen. Das fördert ein gesundes Selbstwertgefühl.

Ich hoffe, dass in Zukunft alle Lehrenden darin geschult werden, zu erkennen, dass ein gesundes Selbstwertgefühl ein entscheidender Faktor im Lernprozess ist, sowohl bei Lernenden als auch bei Lehrenden. Wenn dieses Bewusstsein erst einmal allgemein verbreitet ist, werden wir alle die Möglichkeit haben, psychologisch so zu wachsen, dass beim Lehren und Lernen überall Problemlösung, gegenseitiger Respekt, Fürsorge und Zusammenarbeit im Vordergrund stehen, denn dies sind die Grundlagen für gelingende Bildung.

22

Die Freude am Lesen

Obwohl ich als eines von sieben Kindern in einem patriarchalen Arbeiterhaushalt aufgewachsen bin, in dem unser Vater erwerbstätig war und unsere Mutter zu Hause blieb, waren meine Eltern begeisterte Leser:innen. Sie glaubten an die Macht der Bücher. Und natürlich war ihnen Bildung als Mittel zum sozialen Aufstieg wichtig. So wurde ich von frühester Kindheit an zum Lesen ermutigt. Obwohl Rosa Bell, meine Mutter, nie einen Schulabschluss gemacht hatte, brüstete sie sich mit ihrer Leidenschaft für das Lesen und versuchte eifrig, diese Leidenschaft mit mir zu teilen. Entgegen dem Wunsch meines Vaters war sie bereit, Geld für Bücher auszugeben, um mir den Stolz auf den Besitz eines Buches zu vermitteln und um mir die Freude zu bereiten über ein Geschenk, das man immer wieder bekommt – ein Buch, das man immer und immer wieder lesen kann. Ich habe keineswegs nur im Stillen vor mich hin gelesen. Vielmehr schleppte ich meine Bücher durch die Nachbarschaft, um älteren und ans Haus gefesselten Menschen vorzulesen und meine Schätze mit ihnen zu teilen.

Wie unsere junge Mutter schätzte auch unser älterer Vater das Lesen. Er hatte die Highschool abgeschlossen und eine Ausbildung zum Friseur gemacht, aber danach entschied er sich für Gelegenheitsjobs und arbeitete schließlich mehr als dreißig Jahre lang als Hausmeister bei der Post. Unser Vater war ein Leser. Das einzige Bücherregal in unserem Haus war voll mit Büchern, die er sich ausgesucht hatte, die schicke Enzyklopädie, Werke Schwarzer Autor:innen, die Klassiker der weißen westlichen Literatur. Mein Vater, Veodis, war ein Mann mit antirassistischem Bewusstsein; er glaubte, dass wir Schwarzen, wenn wir unsere Lage verbessern wollten, für unsere Bürgerrechte kämpfen und uns bilden müssten. Auch glaubte er – wie viele damals –, dass Lesen und kritisches Denken über die Welt, in der wir leben, wichtiger wären als ein Studium oder ein Hochschulabschluss.

Rückblickend verstehe ich jetzt die Weisheit, die in Vaters Einschätzung steckte, dass es wichtiger sei, lesen und denken zu können als eine formale Schulbildung zu haben, vor allem wenn ich bedenke, dass aktuelle Statistiken besagen, dass »die offizielle Schätzung der Analphabet:innen unter den US-amerikanischen Bürger:innen jetzt bei vierzig Millionen liegt«. Diese Zahl zitiert Lewis Lapham in seiner aufschlussreichen Polemik *Gag Rule: On the Suppression of Dissent and the Stifling of Democracy*. Er führt aus:

> »Sechs von zehn erwachsenen US-Amerikaner:innen haben noch nie ein Buch gelesen, und die Meldungen von den Bildungsfronten des Landes lesen sich wie die Berichte über Verluste in einem verlorenen Krieg. Darin werden traurige Geschichten erzählt, z. B. über Umfragen, die zeigen, dass ein Viertel der befragten Erwachsenen nicht weiß, dass sich die Erde um die Sonne dreht, und dass die Mehrheit der Studienanfänger:innen (68 Prozent) Schwierigkeiten hat, Kalifornien auf einer Karte zu finden (...).«

Ich weiß aus persönlicher Erfahrung, wie es ist, Studierende zu unterrichten, die wenig oder gar kein Interesse am Lesen haben. Professor:innen, die Literaturkurse abhalten, treffen in jeder Lehrveranstaltung auf widerwillige und lesefeindliche Teilnehmende. Meine Entscheidung, nicht mehr Vollzeit zu unterrichten, wurde nicht zuletzt durch die Apathie vieler Studierender gegenüber dem Lesen beeinflusst. Und obwohl es während meiner gesamten Lehrtätigkeit immer wieder hervorragende Studierende gab, die sich voll und ganz auf den ihnen präsentierten Lernstoff einließen, wurde die Präsenz der Lesemuffel immer mehr zu einem toxischen Faktor, der die Diskussion im Kurs störte. Es war immer wieder frappierend, wie Studierende, die die ihnen aufgegebene Lektüre nicht gelesen hatten, die Diskussion im Kurs auch noch dominieren wollten. Im Gegensatz zu den meisten meiner Kolleg:innen konnte ich in der akademischen Welt eine Nische für meine Arbeit finden, die es mir ermöglichte, Studierende, Bedienstete und Lehrkräfte zu unterrichten, die gerne lesen und sich mit dem vorgegebenen Lernstoff auseinandersetzen wollen. Statt Vollzeitunterricht in regulären Kursen gebe ich jetzt Blockseminare bzw. Workshops mit intensivem Fokus, und in diesen Veranstaltungen wird gelesen.

Natürlich wird heute viel über die Rolle der Technologie diskutiert, insbesondere darüber, dass der Computer das Buch verdrängt. Doch Bücher am Bildschirm zu lesen kann nie dasselbe sein, wie ein Buch in der Hand zu halten, Seiten zurückzublättern ohne die Hilfe von Strom oder Batterien, sich selbst oder anderen Passagen laut vorzulesen, ein Buch im Bett zu lesen, auf Seiten zu verweilen oder laut zu lesen. Viele sind davon überzeugt, dass das Buch für die Praxis des ständigen Wiederlesens unverzichtbar sei, aber noch wichtiger ist es für echtes Lernen. Denn Bücher laden uns ein, uns etwas vorzustellen.

Die meisten Lehrpersonen wissen aus eigener Erfahrung, dass die neuen Technologien, insbesondere Computer, zwar großartige Möglichkeiten der Informationsbeschaffung bieten, dass sie aber auch die Sinne angreifen und die Vorstellungskraft abstumpfen können, wenn sie falsch eingesetzt werden. Es werden bereits Studien durchgeführt, die darauf hindeuten, dass Kinder, die bereits über fortgeschrittene Fähigkeiten im Umgang mit Computern verfügen, nicht in der Lage sind, ihre Vorstellungskraft zu entwickeln. Wer ständig und ausgiebig mit dem Computer arbeitet, kann nicht bezweifeln, dass die Rolle, die wir an unseren Tastaturen spielen, oft eine passive ist. Wenn ich mit Kolleg:innen über meine Rechtschreibschwierigkeiten spreche, schauen sie mich an, als ob ich den Verstand verloren hätte, und rufen: »Hast du keine Rechtschreibprüfung auf deinem Computer?!« Und wenn ich darauf beharre, dass ich meinen Wortschatz verbessern möchte, scheint ihnen das Zeitverschwendung zu sein. Auf jeden Fall hilft mir das Lesen, neue Wörter in mein Leben zu bringen.

Nach mehr als dreißig Jahren, in denen ich Kurse unterrichtet habe, die intensives Lesen erfordern, bin ich zu der Überzeugung gelangt, dass mein Vater mit seiner Annahme Recht hatte, dass es wichtiger ist, ein:e kritische:r Leser:in zu sein, als eine formale Bildung zu haben und höhere Abschlüsse zu erlangen. Leider hört eine große Mehrheit unserer Bevölkerung in den Vereinigten Staaten nach dem Highschool-Abschluss auf, Bücher zu lesen, und eine noch größere nach dem Erwerb eines Hochschulabschlusses. Interessanterweise gab es in der Geschichte unseres Landes eine Zeit, in der der Kauf eines Buches (und nicht die Ausleihe in einer öffentlichen Bibliothek) in der Regel ein Zeichen dafür war, dass man zu einer wohlhabenden Klasse gehörte oder dass man danach strebte, aus einer niedrigeren Klasse aufzusteigen. Heutzutage kaufen Leute aus allen Schichten Bücher. In der Tat machen Buchläden mit Cafés und bequemen Sesseln das gedruckte Wort, Zeitschriften, Zeitungen und Bücher für alle zugänglich. Dennoch hat diese Welt des reichhaltigen Lesestoffs nicht zu einer Kultur geführt, in der das Lesen von Büchern eine ›coole‹ Sache ist. Sie hat es aber immerhin mehr Menschen ermöglicht, ein Buch zu besitzen, ja sogar ein Buch wegzuwerfen. In den 1950er-Jahren, in denen ich aufgewachsen bin, habe ich nie erlebt, dass jemand ein Buch in den Müll geworfen hätte. In den seltenen Fällen, in denen jemand ein weggeworfenes Buch fand, wurde es gerettet. Doch in den heutigen Zeiten des materiellen Überflusses in unserem Land werfen die Leute Bücher in den Müll oder legen sie einfach auf den Bürgersteig, so wie es in New York üblich ist. In unserer heutigen Konsumkultur sind Bücher eine Wegwerfware geworden, fast wie Toilettenpapier. Eine Kultur, die das Buch als Artefakt nicht schätzt, wird auch das Lesen nicht schätzen.

Zweifellos war es eine wichtige und positive Maßnahme der Talkshow-Moderatorin Oprah Winfrey, ihre Medienmacht zu nutzen, um für Bücher zu werben und Menschen zum Lesen zu ermutigen, doch leider gehören viele der in ihrer Show vorgestellten Titel zu den Büchern, die am häufigsten weggeworfen werden. Da das Buch nur noch als Ware betrachtet wird, als Ausstellungsstück oder als Modeartikel, werden immer weniger Bücher gelesen. Häufig rezensiere ich ein Buch mit dem einfachen Prädikat »meistgekauftes, am wenigsten gelesenes Buch«. Mir sind keine Studien bekannt, die untersuchen, was die Verbraucher:innen dazu bewegt, Bücher zu kaufen und dann doch nicht zu lesen. Es gibt Leute, die ein Buch kaufen und sich nie die Zeit nehmen, es aufzuschlagen. Wenn sie es schließlich leid sind, ein ungelesenes, ungeöffnetes Buch herumliegen zu sehen, entsorgen sie es.

Die meisten Menschen, die Bücher lesen, insbesondere Lehrpersonen und Bibliotheksbedienstete, können sich nicht vorstellen, dass es eine Zeit geben wird, in der Bücher keine Rolle mehr spielen, in der Lese- und Schreibkenntnisse nicht mehr als Recht und Notwendigkeit für eine mündige Staatsbürgerschaft angesehen werden. Doch überall in unserem Land werden Bibliotheken aus Mangel an finanziellen Mitteln geschlossen. Buchhandlungen gibt es lange nicht in jeder Stadt und jedem Ort der Vereinigten Staaten. Schon jetzt verändert die wirtschaftliche Depression das Schicksal des Buches. Denn unabhängige Buchläden schließen überall, weil sie nicht genug Bücher verkaufen können, um in einem Klima hoher Mieten und exorbitanter Immobilienpreise wirtschaftlich zu überleben. Als die zeitgenössische feministische Bewegung auf ihrem Höhepunkt war, wurden überall in unserem Land kleine Frauenbuchläden eröffnet. Leider ist die große Mehrheit dieser Buchläden mittlerweile wieder geschlossen.

Unabhängige Buchhandlungen gehören zu den wenigen Orten, die der Öffentlichkeit Zugang zu herrschaftskritischen Texten bieten. Denn Bücher, die in den Buchhandlungen der Konzerne nicht erhältlich sind, weil es keine große Nachfrage nach ihnen gibt, finden in den kleinen unabhängigen Buchläden einen Platz und ein Publikum. In dem Maße, wie diese Buchhandlungen ihre Türen schließen, wird es für anti-emanzipatorische Bibliothekar:innen und Inhaber:innen von Großbuchhandlungen leichter sein, Bücher zu verbieten, indem sie sie einfach nicht anbieten. Es bedarf nämlich keiner öffentlichen Ankündigung, dass bestimmte Bücher nicht in den Regalen stehen werden, da die Buchbestellung und der Buchkauf ohnehin eher hinter den Kulissen ablaufen. Aufgrund der wachsenden Kluft zwischen denen, die über wirtschaftliche Privilegien verfügen, und denen, die dies nicht tun, ist es sogar möglich, dass eines Tages nur noch Menschen mit finanziellen Mitteln Bücher besitzen werden. Angesichts dieser möglichen Entwicklung ist es umso wichtiger, dass sich die Bürger:innen für den Erhalt öffentlicher Bibliotheken einsetzen, denn sie sind die Einrichtungen, in denen demokratische Bildung auf der Grundlage von Lesekompetenz am meisten wertgeschätzt wird.

Derzeit wird viel über den demografischen Wandel in den Vereinigten Staaten diskutiert und hierbei wird gerne hervorgehoben, dass Weiße künftig in der Minderheit sein werden. Allerdings führt diese Tatsache nicht zu verstärkten Bemühungen, neugeborenen Bürger:innen of Color, die in Haushalten aufwachsen, in denen Englisch gesprochen wird oder auch nicht, die Möglichkeit zu geben, lesen und schreiben zu können. Ohne Lese- und Schreibkenntnisse sind diese neuen Bevölkerungsgruppen einfach dazu verdammt, Sklavenlöhne zu verdienen, indem sie für eine privilegierte Klasse von Sklavenhalter:innen schuften, die ihre Arbeitskräfte am liebsten taub und stumm haben wollen. Neueste Studien zur Alphabetisierung zeigen, dass Schwarze Männer schnell zu einer der größten Gruppen in unserer Gesellschaft werden, die nicht lesen können. Viele inhaftierte Schwarze Männer verbringen den größten Teil ihres Erwachsenenlebens in Gefängnissen. In der Vergangenheit war das Gefängnis ein Ort, an dem sie oft zum ersten Mal in ihrem Leben Bücher und das Lesen entdeckten. Konservative Kräfte in unserem Land jedoch wollen allen Gefangenen den Zugang zu Büchern verwehren und behaupten, Lesen sei ein Luxus und kein Recht. Den Gefangenen das Recht auf Lesen zu verweigern, wird als verdiente Strafe angesehen. Doch dass irgendjemand in unserem Land Menschen den Zugang zur Lesefähigkeit verweigern will, bedroht die Zukunft der Demokratie.

Wann immer ich von meinem Publikum gebeten werde, über die Erfahrungen zu berichten, die ich auf meinem Weg von der segregierten Schwarzen Arbeiterklasse in einer Kleinstadt zu einer bekannten Intellektuellen gemacht habe, betone ich die Bedeutung des Lesens und die Wichtigkeit von öffentlichen Bibliotheken. Lesen ermöglicht es allen Menschen in diesem Land und auf der ganzen Welt, staatsbürgerliche Verantwortung zu übernehmen. Ohne die Fähigkeit zu lesen können wir unsere Umwelt nicht vernünftig schützen und auch weder für uns selbst noch für die Welt gut sorgen. Die größte ethische und politische Verantwortung für die Förderung des Lesens liegt bei den Lehrenden jedweder Bildungseinrichtung. Denn anders als bei vielen anderen Menschen ist es Teil unserer Arbeit, das Lernen zu fördern. Und ohne Lesekompetenz kann es kein Lernen aus Büchern geben. Wem es an grundlegenden Lesefähigkeiten mangelt, kann nicht optimal lernen. Und Lernenden, die gut lesen können, darf, in ihrem eigenen Interesse, nicht erlaubt werden, das Lesen gering zu achten.

Da immer mehr Lernende Bildung ausschließlich als Mittel zum wirtschaftlichen Erfolg betrachten, können ihnen die Kraft und das Vergnügen des Lesens völlig unwichtig erscheinen, wenn sie keinen direkten und unmittelbaren Zusammenhang zwischen dem Lesen und ihren beruflichen Zielen sehen. Mein Vater ist jetzt, im hohen Alter von fast neunzig Jahren, immer noch ein begeisterter Leser. Heutzutage muss er durch eine riesige Lupe schauen, um die Wörter auf der Seite zu erkennen. Das Lesen ist für ihn mittlerweile ein langsamer und schwieriger Prozess, aber es ist immer noch eine Art, die Welt kennenzulernen, die für das Leben, das Denken und das Träumen wesentlich ist. Und mehr als alles andere bringt ihn das Lesen in Kontakt mit einer Welt jenseits seiner selbst; es bietet die Möglichkeit einer Verbindung. Das ist das Geschenk, das mir das Lesen gemacht hat, als ich als Kind der Arbeiterklasse in einer Kleinstadt mit sehr starren Grenzen aufwuchs. Wie es auf einem Autoaufkleber heißt: »Bücher sind das Geschenk, das nie aufhört zu geben«. Lesen hat mich befähigt, in meinem Kopf und mit meiner Fantasie an andere Orte zu reisen. Lesen hat mein Bewusstsein erweitert. Es hat den Grundstein gelegt für meine Leidenschaft für Worte und Ideen; Lesen hat das Unmögliche möglich gemacht.

23

Intellektuelles Leben

Schon als Kind, das in unserer segregierten Schwarzen Südstaatenkultur aufwuchs, wusste ich, dass ich Schriftstellerin werden wollte. Und ich wusste, dass ich nie Lehrerin werden wollte. Der Lehrberuf interessierte mich nicht, weil er Fähigkeiten zu erfordern schien, die ich nicht hatte: eine gute Kommunikation im Gespräch mit anderen; die Bereitschaft, sich um die Bedürfnisse anderer kümmern; die Fähigkeit, vor einer Gruppe junger Menschen zu stehen und zu sprechen, disziplinieren und strafen zu können und die Bereitschaft, andere zu beurteilen. Die Lehrpersonen, die ich kannte, unterrichteten an öffentlichen Grundschulen und Highschools. Ich kannte keine College-Professor:innen. Ich war nie auf einem College-Campus gewesen. Ehrlich gesagt habe ich, obwohl ich eine gute Schülerin war, auf der Ehrenliste stand usw., während meiner Highschool-Zeit nicht viel darüber nachgedacht, ein College zu besuchen. Und ich stellte fest, dass ich nicht darüber nachdenken musste, weil andere Leute (meine Eltern, Lehrkräfte, Berufsberater:innen) nur allzu gerne bereit waren, Entscheidungen für mich zu treffen. In unserem patriarchal-autoritären Umfeld von Elternhaus, Kirche und Schule in den fünfziger Jahren wollte niemand etwas von meinen Wünschen wissen. Es war klar: Kluge Mädchen sollten, wenn sie erwachsen waren, Lehrerinnen werden. Und kluge Schwarze Mädchen aus armen Arbeitermilieus hatten nur zwei Möglichkeiten: die Häuser anderer Leute zu putzen oder in der Schule zu unterrichten. Zwar gab es die theoretische Möglichkeit, diesen Berufen zu entkommen, indem man sich verliebte und eine traditionelle Ehe einging, in der die Frau zu Hause blieb, aber das war nur der Stoff, aus dem romantische Träumereien gemacht waren. Die meisten intelligenten Schwarzen Mädchen, arme und aus der Arbeiterklasse stammende Mädchen, die im segregierten Süden lebten, wussten schon in der Highschool, dass sie mit großer Wahrscheinlichkeit Arbeiterinnen werden würden, ob verheiratet oder nicht. Nur wenige verheiratete Frauen aus armen Verhältnissen konnten sich den Luxus leisten, zu Hause zu bleiben.

Obwohl ich Bücher schreiben wollte, sah ich das nie als einen Weg, um Geld zu verdienen. Als ich die High School abschloss, begann die Welt gerade erst zu erwachen und auf die Stimmen Schwarzer Frauen zu hören. Ich stelle mir oft vor, wie mein Leben verlaufen wäre, wenn ich nicht in der Hochphase der Bürgerrechte und der Frauenbefreiung erwachsen geworden wäre. Diese beiden großartigen, tiefgreifenden Revolutionen haben mein Schicksal geprägt. Diese Bewegungen für soziale Gerechtigkeit haben es mir ermöglicht, aufs College zu gehen, Stipendien und Darlehen zu erhalten, und vor allem haben sie mir die Gewissheit gegeben, dass ich tatsächlich Schriftstellerin werden kann. In meinem letzten Bachelorjahr und während meines gesamten Masterstudiums fühlte ich mich zur intellektuellen Arbeit hingezogen. Ich entdeckte meine Leidenschaft für die Arbeit mit Ideen, für kritisches Denken und Theorie und fand so einen neuen Weg für mich. Wieder einmal waren es der antirassistische Bürgerrechtskampf und die feministische Bewegung, auf die ich meinen Wunsch nach intellektueller Arbeit richtete, um Kulturkritikerin zu werden.

Ich erwähne diesen Hintergrund, um zu zeigen, dass es gewichtige Gründe gibt, warum sich ein Mensch in einer anti-intellektuellen Gesellschaft für ein intellektuelles Leben entscheiden kann. Natürlich konnten erst in den letzten dreißig Jahren einzelne Schwarze Frauen für sich in Anspruch nehmen, das intellektuelle Leben als ihre Berufung zu wählen. Ein zentraler Aspekt meiner akademischen Laufbahn war die Erarbeitung feministischer Theorie und Kulturkritik. Ich war der Überzeugung, dass Kritik, wenn sie konstruktiv ist, unser Verständnis von der Welt, von einem bestimmten Thema oder Text verbessert. Jedoch war ich nicht auf die Reaktionen von Studierenden, Kolleg:innen, Freund:innen und meiner Familie vorbereitet. Sie zeigten mir nicht nur, dass sie Kritik als negativ ansahen und sie immer und ausschließlich als Angriffe verstanden, sondern auch, dass sie mich und andere Kritiker:innen als grundsätzlich feindselige Menschen betrachteten. Mir wurde sogar von hochintelligenten Kolleg:innen gesagt, dass Kritik »satanisch« sei – das Werk des Teufels. Sicherlich scheint die Arbeit der Dekonstruktion ein potentiell zerstörerisches Element zu haben. Dekonstruktivistische Kritiker:innen sind in der Lage, ein Thema oder einen Text auseinanderzunehmen und seine verschiedenen möglichen Interpretations- und Sinnstrukturen aufzuzeigen, auch wenn das Endergebnis nicht immer zu einem besseren Verständnis geführt hat.

Als ich feststellte, dass meine Leser:innen oft ein harsches und negatives Bild auf mich projizierten, wollte ich mich zurückziehen und wieder in aller Abgeschiedenheit arbeiten, so wie zu der Zeit, als meine Arbeit noch keine öffentliche Aufmerksamkeit erlangt hatte. Es hat mich immer sehr getroffen, wenn mich Leute als hart oder gemein beschrieben. Und mir wurde klar, dass ich zwar den Studierenden, vor allem den weiblichen und/oder Schwarzen, ein Vorbild sein wollte, um ihnen zu zeigen, wie toll es ist, eine kritische Wissenschaftlerin und Intellektuelle zu sein, dass aber viele von ihnen diese Entscheidung nicht treffen würden, weil sie sich nicht unbeliebt machen wollten. Auch die Tatsache, dass sich mit intellektueller Arbeit nur wenig Geld verdienen lässt, ist ein weiterer abschreckender Faktor. Insgesamt scheint aber gerade für Studierende die kritische Arbeit ein gefährliches Terrain zu sein. Immer wieder musste ich erklären, dass es eine hilfreiche Unterscheidung gibt zwischen Kritik, die das Bewusstsein erweitern will, und harscher Kritik, die nur verletzen oder vernichten will.

Wenn der Gegenstand, mit dem sich die Kritik befasst, und die Schlussfolgerungen, die aus dieser Arbeit gezogen werden, unmittelbare Auswirkungen auf unser Leben in der Welt haben, ist es sehr viel wahrscheinlicher, dass die Kritiker:innen negativ betrachtet werden. Dies ist vor allem dann der Fall, wenn sie sich mit Fragen von Race, Gender und Sexualität befassen. Es ist vor allem dann der Fall, wenn ein Aspekt der eigenen kritischen Arbeit die Hinterfragung und sogar die Abkehr von bisherigen Annahmen erfordert. Ein Großteil der neueren Arbeiten zur Frage der Veränderung von Denken und Verhalten zeigt, dass solche Veränderungen in der Regel auf Widerstand stoßen, dass die meisten Menschen lieber beim Status quo bleiben würden, selbst wenn eine Veränderung eine Verbesserung wäre. In meinen früheren Büchern über das Unterrichten habe ich zugegeben, dass ich enttäuscht bin, wenn Studierende ihre Abneigung gegen mich und meinen Unterricht zum Ausdruck bringen. Heute kann ich jedoch akzeptieren, dass es fast immer ein Loslassen gibt, das schwierig und schmerzhaft ist, wenn wir Wissen weitergeben, das von den Zuhörenden verlangt, ihre Denkmuster zu ändern. Zu dieser Einsicht gelangte ich, nachdem ich viele Rückmeldungen von Studierenden erhalten hatte, die mir mitteilten, wie sehr »sie mich und meinen Kurs hassten«, bis sie in die Arbeitswelt hinausgingen und begannen, die im Kurs gelernten Lektionen als nützlich zu empfinden. Es ist so, als wenn wir ein Buch lesen und noch nicht bereit sind, die darin enthaltenen Lehren aufzunehmen: Wir verwerfen es als irrelevant. Die Zeit vergeht und dann stellen wir fest, dass wir genau dieses Buch wieder zur Hand nehmen, nur um zu erkennen, dass es uns die nötigen Einsichten bietet, die uns helfen, Heilung zu erfahren und zu wachsen.

Wenn ich über die Frage nachdenke, warum ich mich in einer antiintellektuellen Gesellschaft für ein intellektuelles Leben entscheide, fällt mir sofort die transformative Wirkung neuer Ideen und Erkenntnisse ein. Rückblickend werde ich gerne gefragt, wie ich aus meiner dysfunktionalen, christlich-konventionellen Arbeiterfamilie herausgekommen bin, um mich für neue Ideen zu begeistern und neue Wahrheiten zu lernen, und dann verweise ich immer auf die Macht des Lesens. In dem repressiven patriarchalen Elternhaus, in dem ich aufwuchs, war eine der wenigen Freiheiten, die mir gewährt wurden, das Recht zu Lesen, wenn auch nicht ohne die ständige Androhung von Strafen. Durch Bücher lernte ich, dass es andere Möglichkeiten gibt, in der Welt zu denken und zu leben, als die, die mir am vertrautesten waren. Als ich über die Vielfalt des menschlichen Denkens und Lebens las, wollte ich die Entscheidungen, die meine Familie getroffen hatte, besser verstehen. Dieser Hunger nach Verständnis wirkte wie ein enormer Katalysator, der mich dazu brachte, mich für ein intellektuelles Leben zu entscheiden.

Mir fehlen die Worte, wenn ich versuche, die schiere Freude zu erklären, die aufkommt, wenn ich mit Ideen arbeite und neue Sicht- und

Denkweisen über ein bestimmtes Thema entwickle. In *Entweder/Oder* drückt Søren Kierkegaard dieses ekstatische Gefühl auf eine Weise aus, die mich sehr berührt: »Wenn ich mir etwas wünschen sollte, dann wären das nicht Reichtum und Macht, sondern es wäre der leidenschaftliche Sinn für das, was sein kann, für das Auge, das, immer jung und glühend, das Mögliche sieht. Das Vergnügen enttäuscht, die Möglichkeit niemals. Und welcher Wein ist so prickelnd, welcher so duftend, welcher so berauschend wie die Möglichkeit?«

Intellektuelle Arbeit befasst sich zum Großteil mit der Kunst des Möglichen; sie ist wie ein archäologischer Prozess, bei dem wir uns auf die Suche nach Wahrheiten begeben, die sich ständig ändern können, wenn neue Informationen ans Licht kommen. Wahre intellektuelle Arbeit wird in Einsamkeit geleistet. Sie erfordert stundenlanges Nachdenken, Studieren und Reflektieren, und dann braucht es Zeit zum Schreiben – eine weitere einsame Tätigkeit. Glücklicherweise ist diese intensive Arbeit mit Ideen für viele von uns ein Leben, das sich richtig anfühlt, unsere Berufung. So wie neue Ideen mir geholfen haben, mein Leben zu verändern, habe ich das besondere Glück, von Studierenden und Leser:innen Rückmeldungen darüber zu erhalten, wie meine Arbeit ihnen geholfen hat, ihr Leben zum Besseren zu verändern. Das ist eine so bereichernde und inspirierende Erfahrung. Wahrhaftig, einen intellektuellen Weg einzuschlagen, ist eine dieser Reisen im Leben, die – einmal begonnen – uns so viel Freiheit zum Entdecken und Erforschen bietet, dass es wirklich kein Zurück mehr gibt.

24

Kinderbücher schreiben

Außerhalb von Schulen und Hochschulen zu unterrichten, ist ein Weg, um sicherzustellen, dass demokratische Bildung für alle zugänglich ist. Es bietet Lehrkräften zudem eine wunderbare Gelegenheit, andere Kommunikationsfähigkeiten zu entwickeln, als die, die im normalen Unterricht gefragt sind. Es gibt viele Möglichkeiten, außerschulische Lernorte zu schaffen. Eine der Richtungen, in die sich meine Arbeit entwickelt hat und die mir ein anderes Publikum beschert hat, ist das Schreiben von Kinderbüchern. Ich begann mit dem Schreiben von Kinderbüchern als Reaktion auf Eltern, zumeist Schwarze Mütter, die mir mitteilten, dass meine theoretischen Bücher zwar jungen Erwachsenen bei der Dekolonisierung ihres Denkens helfen, sie sich aber wünschten, dass ich Bücher für Kinder schreibe, die auch Rassismus und Sexismus hinterfragen.

Ich erinnere mich, dass ich jedes Mal, wenn Eltern das Thema des Schreibens für Kinder ansprachen, dachte, dass ich zu ernst dafür sei, dass ich einfach nicht wisse, wie mein Geist ein Werk schaffen könnte, das Kindern gefallen würde. Wie bei allem, was ich schreibe, begann ich darüber nachzudenken und zu meditieren, ob dies eine Richtung sei, in die meine Arbeit gehen sollte, und wenn die göttlichen Kräfte des Universums mich in diese Richtung rufen sollten, würde ich bereitwillig dorthin gehen. Eines Abends vor dem Schlafengehen begann ich, über das Selbstwertgefühl Schwarzer Kinder, insbesondere von Mädchen, nachzudenken. Ich dachte daran, wie wir in einem Haushalt mit fünf Schwestern aufwuchsen und wie besessen wir alle von unseren Haaren waren, fünf Mädchen, die alle eine andere Haarstruktur hatten. Unsere

Mutter Rosa Bell war eine traditionsbewusste Frau, die es für ungesund hielt, heiße Kämme für die Köpfe kleiner Schwarzer Mädchen zu benutzen, also kämmte sie unser natürliches Haar (ähnlich verhielt es sich mit Lippenstift und schwarzen Kleidern; sie fand, das könnten wir uns später selbst aussuchen). Das Kämmen und Flechten all dieser Köpfe brauchte seinen besonderen Tag und seine besondere Zeit. Als ich mich vor dem Schlafengehen an die Freude erinnerte, die wir alle empfanden, wenn Mama sich um unsere Haare kümmerte, wachte ich mitten in der Nacht auf und begann, den Text für mein erstes Kinderbuch, *Happy To Be Nappy*, zu schreiben.

Bevor ich ernsthaft in Erwägung zog, Bücher für Kinder zu schreiben, dachte ich über all die Kinderbücher nach, die ich selbst gelesen hatte, und darüber, dass die meisten der speziell für Schwarze Kinder geschriebenen Bücher allzu offenkundig didaktisch waren. Sie erschienen mir fantasielos und nicht besonders lustig. Ich wusste, dass ich Bücher für Kinder schreiben wollte, die neue Paradigmen, neue Sicht- und Denkweisen über die Welt bieten würden, dabei Spaß machten und angenehm zu lesen wären. Viele meiner theoretischen Arbeiten über Race, Gender und Klasse wurden durch persönliche Erfahrungen angeregt, und ähnlich erging es mir mit den Kinderbüchern: Ich erinnerte mich an die zärtliche Sprache, die meine Mutter oft für ihre Mädchen benutzte; liebevoll nannte sie uns »girlpie«. Und so begann der erste Satz von *Happy To Be Nappy* damit: »Girlpie-Haar riecht sauber und süß, ist weich wie Baumwolle, blütenblattweich.« Als ich das schrieb, dachte ich: »Wow! Woher kommt diese Zeile?« Ah! Die Macht der Fantasie. Sie bot mir die Möglichkeit, Kinderbücher neu zu denken und mir vorzustellen, wie man positiv und mit Freude über Schwarze Mädchen und ihre Haare sprechen und denken kann. Natürlich werden Schwarze Mädchen und alle Schwarzen Menschen innerhalb des imperialistischen, kapitalistischen Patriarchats der weißen Vorherrschaft täglich mit negativen Darstellungen unserer Körper und unseres Selbst bombardiert, die uns dazu bringen sollen, den rassistischen Selbsthass zu verinnerlichen. Es ist keine leichte Aufgabe, Bilder zu schaffen, die uns so zeigen, wie wir sind und wie wir sein wollen, die sich der gängigen Darstellung widersetzen, Bilder, die negativen Stereotypen entgegenwirken. Doch wenn wir uns selbst erfinden, wenn wir uns außerhalb des Schubladendenkens bewegen, in dem wir stereotyp dargestellt werden und das uns einengt, dann ist das wunderbar und großartig. Das weiß ich von all den Menschen, den großen und kleinen, die auf *Happy To Be Nappy* reagiert und ihre Freude an einem lustigen, albernen Buch geäußert haben, das neue und andere Wege des Denkens und Redens über uns selbst zelebriert.

Das Schreiben von Kinderbüchern brachte mir nicht nur ein anderes Lesepublikum, sondern auch öffentliche Vorträge vor Kindern und Gespräche mit ihnen, die mir einen Raum boten, in dem ich außerhalb meiner üblichen universitären Lehrveranstaltungen unterrichten konnte. Ich kann mich noch gut an die Freude erinnern, die ich empfand, als eine Gruppe kleiner Schwarzer Mädchen, die im Herzen und im Geiste schön waren, nach einer Lesung mit anschließendem Gespräch auf mich zukamen und wollten, dass ich ihre Bücher signiere. Sie brachen alle in Kichern aus und riefen: »Sie haben gesagt, unser Haar sei wie Blumenblätter«. Und es war deutlich zu sehen, dass dieses Bild sie verändert hatte, dass es ihnen eine neue und andere Sichtweise auf ihre Körper gegeben hatte. Natürlich wurde ich bei dem Versuch, Bücher zu schreiben, um Kinder zu befreien, mit der Realität konfrontiert, dass viele Menschen sich mit den gewohnten Ansichten und Denkweisen über unsere Körper und unser Selbst wohler fühlen, selbst wenn diese in rassistischen, sexistischen Stereotypen wurzeln. Um diese neuen Denk- und Sichtweisen zu finden, die wir laut Malcolm X anstreben müssen, damit wir uns, wie er es formulierte, »mit neuen Augen sehen«, müssen wir »unser eigenes Denken ändern«.

Während *Happy To Be Nappy* entstand, schrieb eine andere Schwarze Frau, Carolivia Herron, über die Haare eines Schwarzen Mädchens. Ihr Buch *Nappy Hair* war voller negativer Kommentare, in denen sich die Leute über ihre kleine Protagonistin Brenda lustig machten und sie wegen ihrer Haare hänselten. Das Buch erregte landesweit Aufmerksamkeit, als Schwarze Eltern eine weiße Lehrerin kritisierten, weil sie es ihrer Klasse mit Schwarzen Schüler:innen vorgelesen hatte. Diese Eltern waren klugerweise der Meinung, dass es sich um kein fortschrittliches Buch handelte. Das junge Schwarze Mädchen, das als hässlich und gemein dargestellt wurde, war bloßgestellt und verspottet worden, und trotzdem sprang es vor Freude in die Luft. Das ist natürlich der Stoff, aus dem die Fantasie der Erwachsenen ist. Kinder, die gehänselt und verspottet werden, verlieben sich nicht spontan in sich selbst und springen vor lauter Freude in die Luft. Dennoch wurde dieses Buch zu einem Bestseller, was informierte Leser:innen daran erinnert, wie sehr die meisten Menschen in ihren Köpfen und Vorstellungen kolonisiert sind. Es ist ein großes Geschenk, Bücher schreiben zu dürfen, die auf eine Dekolonisierung des Denkens abzielen.

Besonders schwierig ist es, Bücher für Kinder zu schreiben, in denen die Hauptfiguren männlich und trotzdem antipatriarchal und nicht sexistisch sind. Wir leben in einer Gesellschaft, die in vielerlei Hinsicht nicht kinderfreundlich ist. Und wie ich in den Büchern über Männlichkeit, die ich für Erwachsene geschrieben habe, ausführlich dargelegt habe, ist es auch keine jungenfreundliche Gesellschaft. Deshalb wollte ich ein Buch schreiben, das Jungen feiert und ihr emotionales Wesen in seiner Gesamtheit würdigt, ein Buch, das grundlegend antipatriarchal ist. Das Buch, das dabei herauskam, war *Be Boy Buzz*. Und auch wenn es kein Buch ausschließlich über oder nur für Schwarze Jungen war, so waren die dargestellten Bilder doch die von Schwarzen Jungen. In unserer Kultur werden wir alle darin bestärkt, Bücher mit weißen Bildern als Bücher für und über alle zu betrachten. Aber sobald ein Buch Schwarze Bilder enthält, wird es eher als ein Buch für und über Schwarze angesehen. Bei der Vermarktung von *Be Boy Buzz* musste ich dem Publikum immer wieder erklären, dass es sich um ein Buch für alle Jungen, für alle Leser:innen und für alle Altersgruppen handelte und handelt, auch wenn die Darstellungen Schwarze Jungen zeigten, was eine wichtige Intervention war, da es nur wenige Bücher gibt, in denen deren Bilder im Mittelpunkt stehen.

Es war mir wichtig, dass dieses Buch mit Darstellungen von Schwarzen Jungen die ganze Bandbreite des Junge-Seins zeigen sollte. Und da Schwarze Jungen oft auf eine Art und Weise dargestellt werden, die ihren Körper, ihr Selbst einschränkt und begrenzt, war es radikal, dass hier Schwarze Jungen alle Jungen repräsentierten. In dem Buch gibt es einen Moment, in dem der Text uns sagt, dass der Junge ganz ruhig und still sitzt. In der ersten Version der Illustrationen war auf dieser Seite kein Junge zu sehen. Chris Raschka, der Illustrator, der weiß und männlich ist, hörte mir zu, als ich meine Bedenken äußerte und meinte, dass wir das Bild dieses Schwarzen Jungen, der sitzt und nachdenkt, brauchen, da es andere Bilder von ihm gibt, auf denen er herumhüpft und spielt. Um dem rassistischen und sexistischen Denken entgegenzuwirken, in dem Schwarze Jungen nicht als Menschen wahrgenommen werden, die Einsamkeit, Ruhe, Zeit zum Nachdenken und zur Kontemplation brauchen, mussten wir dieses Bild anbieten. Wir brauchten ein Bild von einem Jungen, der ein Buch liest (wie bereits in einem früheren Kapitel erwähnt, sind Schwarze Männer gerade dabei, die größte Analphabetengruppe in unserer Gesellschaft zu werden). Chris nahm Änderungen vor.

Die Reaktionen der Leser:innen zeigten, dass der Text und die Bilder eine entscheidende und verändernde Wirkung hatten. Eltern sagten und schrieben mir, dass allein der Anblick des Bildes des lesenden Schwarzen Jungen als Intervention auf zwei Ebenen wirkte, einmal, indem es überhaupt lesende Jungen feierte und dann, weil es insbesondere Schwarze Jungen beim Lesen feierte. Öffentliche Gespräche mit Kindern über dieses Buch forderten mich heraus, eine neue Sprache zu finden, um mit einer anderen Zielgruppe als mit Studierenden zu sprechen. Bei der allerersten öffentlichen Diskussion über *Be Boy Buzz* mit einem diversen Publikum stellte ein eifriger Leser, ein kleiner weißer Junge, die Frage: »Was ist der Buzz?« Wow! Ich musste schnell über meine Wortwahl nachdenken. Wir sprachen über das Geräusch, das die Biene beim Summen macht. Wir machten das Geräusch. Dann sprachen wir darüber, wie das Summen unsere Aufmerksamkeit erregt und den BUZZ erzeugt. Und in diesem Buch ging es darum, das Junge-Sein zu feiern, den Jungen, der ausrufen kann »Halt mich fest und lass mich nicht im Stich«, den *Be Boy Buzz*. Wow! Ich hatte einfach großes Glück, dass die Erwachsenen, die meine Bücher lasen, mich aufforderten, meinen Verstand und meine Vorstellungskraft einzusetzen und einmal ein paar Bücher zu schreiben, die der Befreiung von Kindern dienen.

25
Spiritualität

Einer der Vorteile meiner Lehrtätigkeit an einem christlichen College besteht darin, dass offen über Fragen der Spiritualität diskutiert werden kann. Auch wenn sich viele Dozent:innen, die an der Hochschule lehren, nicht als christlich bezeichnen würden, sind sie in der Regel offen dafür, dass in Lehrveranstaltungen Fragen zu Gott gestellt werden. Obwohl er nicht an einer religiösen Einrichtung lehrt, sieht Professor Dennis Rader Gespräche über Gott als wichtiges Lehrinstrument an. Er erklärt: »Die meisten meiner Studierenden können mit dem Konzept von Gott etwas anfangen. Zu Beginn des Unterrichts sage ich den Studierenden normalerweise, dass ich sie als ein Geschenk Gottes betrachte. Ich sage ihnen, dass ihre Aufgabe darin besteht, das Geschenk auszupacken, und dass es meine Aufgabe als Lehrer ist, ihnen dabei zu helfen, das Geschenk, das sie selbst sind, auszupacken.«

Die meisten Hochschullehrenden, mit denen ich gesprochen habe und die an Gott glauben, halten es für das Beste, Gespräche über Gott aus den Kursen herauszuhalten, da sich viele nicht gläubige Studierende durch solche Gespräche zum Schweigen gebracht und/oder ausgeschlossen fühlen könnten. Und tatsächlich, solange ein Kurs nicht speziell auf Religion ausgerichtet ist, ist es wichtig, ihn frei von bestimmten Zugehörigkeiten und Dogmen zu halten, um eine Lerngemeinschaft zu schaffen. Selbst an einer christlichen Hochschule können allzu heftige Erörterungen bestimmter religiöser Dogmen die Diskussion zum Erliegen bringen oder eine feindselige, auf Streit ausgerichtete Atmosphäre schaffen. Wenn ich über die Frage nachdenke, ob es einen Platz für Gott im Unterricht gibt, konzentriere ich mich auf die Bedeutung der Spiritualität im täglichen Leben. Und da die Lehre ein Teil des täglichen Lebens ist, kommt die Spiritualität mit uns in die Lehrveranstaltung. Doch Religion und Spiritualität sind nicht dasselbe. In seinem Buch *Ethics for the New Millennium* trifft der Dalai Lama eine sehr hilfreiche Unterscheidung zwischen Religion und Spiritualität:

> »Unter Religion verstehe ich den Glauben an die Erlösungsansprüche der einen oder anderen Glaubenstradition, wobei ein Aspekt davon die Akzeptanz einer Form von metaphysischer oder übernatürlicher Realität ist, einschließlich vielleicht einer Vorstellung von Himmel oder Nirwana. Damit verbunden sind religiöse Lehren oder Dogmen, Rituale, Gebete usw. Unter Spiritualität verstehe ich jene Qualitäten des menschlichen Geistes – wie Liebe und Mitgefühl, Geduld, Toleranz, Vergebung, Zufriedenheit, Verantwortungsbewusstsein, Sinn für Harmonie –, die uns selbst und andere glücklich machen.«

Diese Definition von Spiritualität verweist auf Qualitäten, die, wenn sie in den Unterricht eingebracht werden, dazu beitragen können, eine Atmosphäre des Vertrauens zu schaffen, die uns alle einander näherbringt.

In meinem Buch *Gemeinschaft leben lernen. Bildung als Praxis der Hoffnung* habe ich ein Kapitel über »Spirituelle Themen im Unterricht« aufgenommen, in dem ich die Angst vieler Menschen vor Spiritualität im Unterricht erörtere. Ich zitiere darin den Pädagogen Parker Palmer aus seinem Essay »The Grace of Great Things. Reclaiming the Sacred in Knowing, Teaching, and Learning«, in dem er Lehrende dazu auffordert, Bildung so umzugestalten, dass sie »die Bedürfnisse des Geistes würdigt«. In diesem Zusammenhang bekannte ich meine tiefe Sehnsucht als Studentin, Wege zu finden, das Spirituelle zu würdigen. Heute, als Lehrperson, suche ich nach Wegen, um den Studierenden die Kraft zu vermitteln, die aus der Kultivierung eines inneren Lebens erwächst, das dem Bedürfnis nach Spiritualität gerecht wird. Palmer teilt seine Überzeugung, dass es bei der Bildung um mehr gehen sollte als um das Sammeln von Informationen oder den Erwerb von beruflichen Qualifikationen: »Bei der Bildung geht es um Heilung und Ganzheitlichkeit. Es geht um Ermächtigung, Befreiung, Transzendenz, um die Erneuerung der Vitalität des Lebens. Es geht darum, uns selbst und unseren Platz in der Welt zu finden und zu behaupten.« Um »das Heilige im Herzen der Erkenntnis, des Lehrens und Lernens« zu würdigen, müssen Lehrende den Mut haben, die innere Arbeit der Selbstwerdung mit der äußeren Arbeit des Lernens zu verbinden, um die unzähligen Möglichkeiten aufzuzeigen, wie das eine das andere beeinflussen kann.

Inneres Wachstum ist ein Lernprozess, bei dem wir eine geistige Ruhe kultivieren, die es uns ermöglicht, ein tiefes emotionales Bewusstsein zu entwickeln. Es ist ein Weg, unsere innere Erfahrung in den Vordergrund zu stellen. In *The Heart of Learning* verbindet der Pädagoge Steven Glazer die Entwicklung eines inneren Selbstbewusstseins mit einem Gefühl für das Heilige, das seiner Meinung nach die Grundlage allen Lernens ist. Er erklärt:

> »Heiligkeit wird hier nicht in einem bestimmten religiösen Rahmen verstanden, sondern als etwas, das aus zwei grundlegenden Eigenschaften unserer Erfahrung erwächst: Gewahrsein und Ganzheitlichkeit. Gewahrsein ist eine natürliche, aus sich selbst heraus entstehende Qualität: Es ist unsere Fähigkeit, wahrzunehmen, zu erfahren und zu erkennen. (...) Ganzheitlichkeit ist die der Welt innewohnende, allumfassende, interdependente Qualität. (...) Durch die Erfahrung von Gewahrsein und Ganzheitlichkeit beginnen wir, den Blick für das Heilige zu entwickeln.«

Kritisches Denken im Unterricht ist eine Möglichkeit, ein höheres Bewusstsein zu kultivieren. Es versetzt die Lernenden in die Lage, die wechselseitige Verbundenheit allen Lebens besser zu erkennen und bringt sie auf diese Weise mit dem Heiligen in Kontakt. Sie werden zu einem bewussten Prozess der Achtsamkeit und des Gewahrseins befähigt.

Qualitäten des menschlichen Geistes, wie sie der Dalai Lama benannt hat, Mitgefühl, Geduld, Toleranz, Vergebung und Verantwortungsbewusstsein, sind allesamt wichtige Ausdrucksformen der Fürsorge, die zur Bildung einer wirklich beeindruckenden Lernatmosphäre beitragen können. Diese Qualitäten legen den Grundstein für Selbstbestimmung, wenn sie im Unterricht und in anderen Bereichen des Lebens kultiviert werden. Selbstbestimmte Lernende übernehmen die Verantwortung für ihr Lernen und sind fähig, die Lehrperson als Vermittlerin in ihren Lernprozess einzubeziehen. Sie besitzen ein Verständnis für das innere Leben und haben ein Gespür für das aus ihrem eigenen Prozess der Selbstverwirklichung erwachsende Heilige. Dies sind die Lernenden, die zusammen mit gleichgesinnten Lehrenden die Spiritualität in den Unterricht einbringen.

Im Gegensatz zu den Dozent:innen und Studierenden, die im Unterricht offen über Gott sprechen wollen, haben diejenigen von uns, die Spiritualität für wichtig halten, selten das Bedürfnis, explizit über spirituelle Themen zu sprechen. Für die meisten von uns geht es bei der Spiritualität um die Praxis, darum, wie wir in der Welt leben und wie wir mit uns selbst und anderen umgehen. Wenn wir bewusste Achtsamkeit in die Arbeit während der Unterrichtsstunden einbringen, machen wir oft eine ekstatische Erfahrung. Alles fließt auf wunderbare Weise und der Lernprozess findet für alle statt. Ich weiß, dass dies der Fall ist, wenn die Studierenden nicht wollen, dass die Lehrveranstaltung endet, wenn die Diskussion über den Kurs hinaus in den Fluren, den Schlafsälen und auf den Straßen weitergeht. In solchen Momenten spüre ich, dass ich in der Gegenwart des Heiligen bin. Diese Momente sind nicht alltäglich. Sie unterscheiden sich von jenen Tagen, an denen der Unterricht nur ›gut‹ läuft. Es ist das kollektive Lernen, das ein Gefühl von Gemeinschaft erzeugt. Und der Grund, warum ein solcher Unterricht an einem Tag stattfindet und an einem anderen nicht (egal wie gut vorbereitet Lehrende und Lernende sein mögen), ist schlichtweg ein Rätsel. Wenn wir keine Lerngemeinschaft geschaffen haben, in der anerkannt wird, dass Spiritualität eine Rolle spielt, dann werden solche Momente aber nie stattfinden.

Spiritualität gehört in den Unterricht, denn sie ist die scheinbar magische Kraft, die die radikale Offenheit ermöglicht, und diese ist für echtes intellektuelles Wachstum ebenso wie für gute Leistungen notwendig. Wie ich am Ende des Kapitels über Spiritualität in *Gemeinschaft leben lernen. Bildung als Praxis der Hoffnung* geschrieben habe: »Für mich ist und bleibt der Unterricht ein Ort, an dem das Paradies verwirklicht werden kann, ein Ort der Leidenschaft und der Möglichkeiten, ein Ort, an dem die Seele, das Spirituelle zählt und all das, was wir lernen und wissen, uns zu einer größeren Verbindung führt, zu einem größeren Verständnis für das Leben in Gemeinschaft.«

26

Berührung

Bevor im Unterricht überhaupt die ersten Worte gesprochen werden, kommen wir dort als Körper zusammen. Wir lesen uns gegenseitig mit Blicken. Als Lehrende sind wir der Brennpunkt eines kollektiven Blicks, bevor überhaupt Worte gesprochen werden. Unsere Lernenden schauen uns an und fragen sich, was unsere Körper darüber aussagen, wer wir sind und wie wir in dieser Welt leben. Auch wir sehen unsere Lernenden als verkörperte Präsenz. Zwar werden wir als Lehrende dazu angehalten, so zu handeln, als wären wir körperlos, doch die Wahrheit unseres Körpers spricht aus uns. Das Sein kommt aus dem Körper. Und wenn wir innerhalb und außerhalb des Unterrichts auf unsere Körper hören, dann lernen wir mehr Möglichkeiten kennen, miteinander in Beziehung zu treten. In *The Eros of Everyday Life* vermittelt Susan Griffin genau diese Erkenntnis: »Bei jeder Begegnung ist Eros vorhanden. (...) Wenn das menschliche Bewusstsein nicht nur mit dem menschlichen Körper, sondern auch mit dem Körper der Erde wiedervereint werden kann, dann ist das, was bei dieser Wiedervereinigung einsetzt, das Wiederfinden eines Sinns in der Existenz. Dieser Sinn erfüllt jede Art der Begegnung zwischen dem Selbst und dem Universum, und zwar auch bei den alltäglichsten Handlungen, mit einem Eros, einer fühlbaren Liebe, die auch heilig ist.«

Die Präsenz von Eros im Unterricht eröffnet uns den Zugang zum Heiligen. Doch wir haben Angst, die Anwesenheit von physischen Körpern im Unterricht anzuerkennen. Denn wenn diese fleischlichen Körper hereinkommen, dann kommt auch der Eros, die Sexualität mit herein. Und niemand hat uns, weder Lehrenden noch Lernenden, erklärt, wie wir mit Eros im Unterricht umgehen sollen. So ist es kein Wunder, dass sich der Eros in der Regel nur in Richtung Sexualität bewegt: Studierende, die davon fantasieren, mit Professor:innen sexuelle Beziehungen einzugehen und umgekehrt, Studierende, die verknallt sind und voller Lust und Sehnsucht zur Sprechstunde kommen. Wenn sich die Sinnlichkeit des Eros im Unterricht in Richtung Sexualität bewegt, führt dies zu Chaos und Unfrieden. Ich habe mich mit Studierenden darüber unterhalten, wie sich die Unterrichtsdynamik verändert, wenn Lehrende und Studierende offen miteinander flirten oder, wenn in einer relativ kleinen Lerngruppe zwei Studierende eine sexuelle Beziehung haben und diese Energie überallhin mitnehmen. Ihre überwältigende Antwort war, dass diese Dynamik den Lernprozess stört und untergräbt. Wenn eine Lehrperson unverhohlen mit jemandem im Kurs flirtet, werden alle anderen zu Voyeur:innen gemacht. Sie werden ausgegrenzt und haben kein Mitspracherecht, da sie nicht beeinflussen können, was sie beobachten. Offene sexuelle Handlungen haben im Unterricht natürlich nichts zu suchen, egal ob sie in der Beziehung zwischen Lehrenden und Lernenden oder zwischen Lernenden stattfinden. Jedoch bedeutet das nicht, dass erotische Energie, die als Eros auftaucht, aus dem Unterricht ganz verbannt werden kann. Denn wo immer unsere Körper sind, ist auch der Eros präsent.

Eros befeuert die Erotik. In dem Aufsatz »Guter Sex. Leidenschaftliche Pädagogik«, der in meinem Buch *Gemeinschaft leben lernen. Bildung als Praxis der Hoffnung* enthalten ist, schreibe ich dazu: »Leidenschaftliche Pädagogik kann in jedem Umfeld erotische Energie freisetzen. Sie lässt sich nicht kontrollieren oder verbieten. Diese erotische Energie kann auf konstruktive Weise genutzt werden, sowohl in individuellen Beziehungen als auch im Unterricht. Es ist wichtig, wachsam zu sein gegenüber einem Machtmissbrauch, bei dem die Erotik zu einem Terrain der Ausbeutung wird. Doch ebenso wichtig ist es, den Raum zu erkennen, in dem erotische Interaktion befähigend wirkt und positive Veränderungen herbeiführt.«

Da wir im Unterricht als Körper präsent sind, ist auch unsere Libido hier präsent. Was jedoch oft vergessen wird, ist, dass sich die sexuell generierte Libido durchaus als emotionale und psychische Energie ausdrücken kann. Der Eros als leidenschaftlicher, durch die Libido ausgelöster Lebensinstinkt ist das, was uns in die Lage versetzt, das Ekstatische mit unserem Körper zu erleben. Entsprechend kann die Erfahrung des Lernens intensiviert werden, wenn eine Lehrperson in der Lage ist, die Energie des Eros zu bündeln, die vorhanden sein kann, weil es erotische Gefühle im Unterricht gibt, seien es durch körperliche Beziehungen oder durch bestimmte Persönlichkeiten erzeugte. Stellt euch sich vor, dass ein:e Professor:in ›erregt‹ ist, weil mehrere außergewöhnliche Studierende am Kurs teilnehmen und deren Anwesenheit einfach die Lernleidenschaft aller entfacht; das ist die Energie, die zu einer leidenschaftlichen Pädagogik führen kann, die sich positiv auf alle auswirkt.

Wenn von Leidenschaft im Unterricht die Rede ist, wird meist an den sexuellen Körper gedacht, doch es existiert auch ein sinnlicher Körper. Und in diesem Raum können nicht-sexuelle Berührungen eine Möglichkeit sein, zu kommunizieren und positive Verbindungen zu schaffen. Berührungen sind ein Weg, um sich zu vereinen, um unsere Körper in Gemeinschaft zu bringen. Sie können die Form einer Umarmung, eines Händedrucks, eines Klopfens auf die Schulter oder auch nur einer sanft auf dem Arm ruhenden Hand annehmen. Der wirksame Einsatz von Berührungen schafft im Unterricht einen Raum des Geborgenseins jenseits von Worten. Es kann eine kleine Geste sein, wenn die ausgesprochenen Worte besonders schwierig oder schmerzhaft zu hören sind. In dem Sammelband *Embodied Love. Sensuality and Relationship As Feminist Values* erklärt Paula Cooey in ihrem Aufsatz »Woman's Body, Language, and Value«, dass »der Einsatz von Berührungen die natürliche Art zu kommunizieren ist«. Sie vertritt die Ansicht, dass »Berührung die Möglichkeit für Freiheit und Veränderung bietet, sowohl persönlich als auch gesellschaftlich«. Gerade im Unterricht, in dem es immer eine Hierarchie gibt, die den Lehrenden eine höhere Position verleiht als den Lernenden, kann die Berührung vermittelnd wirken.

Es waren vor allem Professorinnen, die mir erzählten, dass die Studierenden oft um eine Berührung bitten, meist um eine Umarmung. Wenn einzelne Studierende Probleme haben und ich ihnen tröstende Worte anbiete, stelle ich oft fest, dass sie sich eine Berührung ebenso sehr wünschen wie Worte, wenn nicht sogar mehr als diese. Als Antwort auf die

Frage »warum Berührung« erklärt Cooey in ihrem Aufsatz, dass durch sie »auf eine Weise kommuniziert werden kann, die über reduzierende Verbalisierung hinausgeht (...). Wenn Worte versagen, wird Berührung zu einem wichtigen Ausdruck extremer Gefühle.« Normalerweise ist es nach dem Unterricht, wenn sich die Studierenden um mich scharen, entweder im Kursraum oder wenn wir auf dem Weg zu einem anderen Ort sind, dass Berührung stattfindet. Es kann sein, dass ich Arm in Arm mit einer Person gehe, die das Bedürfnis nach Bestätigung hat, dass sie in der Lage sein wird, die für den Kurs notwendigen Arbeiten zu schaffen. Durch die Berührung, mit der ich sie festhalte, vermittle ich ihr Vertrauen in ihre Fähigkeit, das Notwendige zu tun.

Eine weiße Professorin, die einen Kurs über afroamerikanische Literatur gibt, wurde sich bei der Arbeit mit Schwarzen Studierenden des Faktors Körper sehr bewusst. Wenn einzelne Studierende Berührungen wünschten, erkannte sie, dass diese von ihr verlangten, mehr zu sein als nur eine weiße Frau, die sich der Schwarzen Kultur bedient, sondern mit ihnen eins zu werden, ihre antirassistische Sensibilität durch die Bereitschaft zur Berührung zu zeigen. Als sie mir diese Erfahrung mitteilte, dachte ich an all die Jahre, in denen die Macht der rassistischen Apartheid durch die Weigerung, Berührungen über ›Rassen‹-grenzen hinweg zuzulassen, immer wieder neu gefestigt wurde. Diese Kollegin und ich berühren uns. In schwierigen Momenten unserer akademischen Berufstätigkeit geben wir uns oft diese tröstende Umarmung, die uns wieder aufrichtet, die uns jenseits aller Worte sagt, dass wir es schaffen werden, dass wir nicht allein sind. Cooey sieht in der Berührung schließlich auch ein heilendes Ritual: »Wenn wir dahin gelangen, unseren Körper nicht mehr negativ, sondern positiv zu bewerten, sollten wir diese Transformation ernsthaft als Geburt einer neuen Identität anerkennen. Rituale ermöglichen diese Anerkennung.« In unserer Kultur der Vorherrschaft, in der die Körper gegeneinander ausgespielt und an einen Ort entmenschlichender Differenz gezwungen werden, kann Berührung durchaus ein Akt des Widerstands sein.

Oft höre ich männliche Professoren, die mich dabei beobachten, wie ich Studierende berühre, sagen: »Oh nein! Ich werde mich doch nicht in Schwierigkeiten bringen.« Da in letzter Zeit das Thema sexuelle Belästigung immer mehr in den Vordergrund gerückt ist, wird ihnen bewusst, dass jede Berührung einer Studierenden leicht falsch interpretiert werden könnte. Zwar sind alle vorsichtiger geworden, was Fragen der sexuellen Belästigung angeht, aber Männer haben noch mehr Angst, dass ihre Berührungen missverstanden werden, weil viele von ihnen im Patriarchat so sozialisiert wurden, dass sie Berührungen immer und ausschließlich sexualisiert wahrnehmen. In Bezug auf Berührungen könnten männliche Professoren wichtige Lektionen in antisexistischem Denken und Verhalten lernen. Zu lernen, wann eine Berührung sexuell ist und wann nicht, wäre dann z. B. eine dieser Lektionen. Es kommt durchaus vor, dass einzelne Studierende männliche Professoren fragen, ob sie sie umarmen können, und in solchen Momenten scheint es diesen klar zu sein, dass die Studierenden nicht auf Sex aus sind. Möglicherweise bitten sie nur um eine heilende Berührung.

Obwohl ich dazu neige, Studierende mehr zu berühren als andere Lehrende, fühle ich mich bei Umarmungen nicht so wohl, wie ich es gerne hätte. Bei der Erkundung meines eigenen Unbehagens, insbesondere wenn eine Person, die ich nicht mag, eine Umarmung wünscht, erkenne ich, dass ich mich durch diese momentane Lockerung der Grenzen verletzlich fühle. Im Moment einer Umarmung, ob kurz oder lang, werden wir uns unserer Körper voll bewusst, nehmen wir wahr, wie unser Gegenüber riecht, atmet usw. Diese Art des Wissens führt uns auf eine ganz andere Ebene der Verantwortlichkeit. Berührungen können uns einander näherbringen, aber sie können auch Zwang ausüben und damit zu Entfremdung führen. Zu verstehen, wie Berührungen die Verbundenheit fördern können, ist eine wichtige Lektion für jede Lehrperson. Wir sind ja schon daran gewöhnt, dass Grundschullehrer:innen Berührungen im Klassenzimmer einsetzen. Und dort erkennen wir bereits ihren Wert als eine Kraft, die stärkt. Welche Rolle Berührung in all unseren Bemühungen zu unterrichten spielen kann, ist ein wichtiges Untersuchungsfeld, über das wir mehr wissen müssen. Fest steht jedenfalls, dass heilende Berührung ein Schutzschild ist, das uns vor allen möglichen Formen der Gewalt schützt, von der wir überall umgeben sind. Wenn wir der Berührung im Unterricht einen Platz einräumen, bedeutet das, dass wir uns der Beschränkung unserer Erkenntnismöglichkeiten widersetzen, denn die Berührung führt uns über Worte hinaus und verlangt, dass wir auf den Körper hören und uns selbst als Menschen aus Fleisch und Blut begreifen.

27

Wieder zu lieben

Liebe im Unterricht schafft die Grundlage für ein Lernen, das alle einbezieht und empowert. Ich fing an, über die Beziehung zwischen dem Kampf um die Beendigung von Herrschaft und der Liebe nachzudenken, um zu verstehen, welche Faktoren für den Erfolg von Bewegungen für soziale Gerechtigkeit in der Welt maßgebend sind. Es war ganz offensichtlich, dass die Ausrichtung auf eine Ethik der Liebe ein zentraler Faktor für den Erfolg dieser Bewegungen war. In meinem Buch *Alles über Liebe. Neue Sichtweisen* habe ich Liebe als eine Kombination aus Zuwendung, Engagement, Wissen, Verantwortung, Respekt und Vertrauen definiert. Alle diese Elemente greifen ineinander und bedingen sich gegenseitig. Wenn diese grundlegenden Prinzipien der Liebe die Basis für die Interaktion zwischen Lehrenden und Lernenden bilden, schafft das gemeinsame Streben nach Wissen die Voraussetzungen für optimales Lernen. Dann lernen die Lehrenden beim Unterrichten genauso wie die Lernenden, die Wissen erwerben und es teilen. Parker Palmer schreibt in seinem Buch *To Know as We Are Known. Education as a Spiritual Journey*, »dass der Ursprung des Wissens die Liebe ist«, und erklärt:

> »Das Wissen, das aus dem Leben erwächst, zielt darauf ab, dass die zerrissenen Seelen wie die zerbrochenen Welten wieder eins werden und wieder heil. Ein in Mitgefühl wurzelndes Wissen hat nicht das Ziel, die Schöpfung auszubeuten und zu manipulieren, sondern die Welt mit sich selbst zu versöhnen. Der von Mitgefühl geleitete Verstand strebt nach Wissen, so wie das Herz nach Liebe strebt. Daher ist der Akt des Erkennens ein Akt der Liebe, des Eintretens in die Realität des anderen Menschen und

> des Annehmens dieser Realität, genauso wie umgekehrt dem anderen Menschen erlaubt wird, in unsere eigene Realität einzutreten und sie anzunehmen. Dieses Erkennen macht uns wissen, und wir werden erkannt als Mitglieder der einen Gemeinschaft (...).«

Im Grunde genommen hat die Liebe also ihren festen Platz im Unterricht, wenn es dort ein leidenschaftliches Streben nach Wissen gibt. Diese Denkweise steht im Gegensatz zu den Behauptungen jener Kritiker:innen, die glauben, dass Liebe nichts mit unserer Fähigkeit zu lehren und zu lernen zu tun habe. Sie stehen der Liebe zynisch gegenüber und werfen die Frage auf, ob Liebe im Unterricht nicht störend sei, da sie eine Ablenkung darstellen und zu einem Mangel an Objektivität führen könne.

Entgegen der Vorstellung, dass Liebe die Objektivität beeinträchtigt, sind wir, wenn wir liebevoll unterrichten, besser in der Lage, auf die besonderen Bedürfnisse der Einzelnen einzugehen und deren Belange auch in die Lerngemeinschaft einzubringen. Wenn wir das emotionale Wohlbefinden unserer Lernenden fördern, dann handeln wir im Sinne der Liebe. Kolleg:innen haben mir immer wieder gesagt, dass sie nicht in eine Therapeutenrolle gedrängt werden möchten; sie wollen nicht auf Emotionen im Unterricht eingehen. Wenn wir uns jedoch weigern, den Emotionen einen Platz einzuräumen, ändert das nichts an der Tatsache, dass die emotionale Energie da ist und die Bedingungen, unter denen Lernen stattfinden kann, maßgeblich bestimmt.

Lehrende sind keine Therapeut:innen. Doch manchmal bringt uns bewusstes Unterrichten – Unterrichten mit Liebe – zu der Einsicht, dass bedeutungsvolle Lernprozesse nicht in Gang kommen, wenn wir das emotionale Klima in unserer Lerngruppe nicht verstehen und nicht darauf eingehen. In einigen Fällen kann es erforderlich sein, dass wir uns der innerpsychischen Konflikte der einzelnen Lernenden, die möglicherweise ihre Lernfähigkeit behindern, emotional stärker bewusst werden. Dann kann es sogar angebracht sein, die Betreffenden in Richtung einer therapeutischen Betreuung zu lenken. Viele, die in unsere Lehrveranstaltungen kommen, waren oder sind in therapeutischer Behandlung. Bei ihnen können sich Lernwiderstände noch verstärken, wenn sie sich in einer Umgebung wiederfinden, in der ihre emotionale Intelligenz ignoriert oder abgewertet wird.

Manchmal haben Professor:innen Angst davor, Studierenden liebevoll zu begegnen, weil sie befürchten, von ihnen verschlungen zu werden. Sie befürchten, zu sehr in deren Probleme hineingezogen zu werden. Diese Angst wird von allen, die nicht in der Lage sind, angemessene Grenzen zu ziehen, sehr stark empfunden. Die meisten von uns, ob Lehrende oder Lernende, sind mit einem falschen Verständnis von Liebe aufgewachsen. Uns wurde beigebracht, dass Liebe uns verrückt macht, blind und töricht, dass sie uns unfähig macht, gesunde Grenzen zu setzen. Doch wenn wir liebevoll unterrichten, ist es viel wahrscheinlicher, dass wir ein besseres Verständnis für die Fähigkeiten und Grenzen unserer Lernenden haben, und dieses Wissen sorgt dafür, dass im Unterricht angemessene Grenzen gesetzt werden. Es trägt auch dazu bei, eine Atmosphäre der Sicherheit zu schaffen, in der die Lernenden durchaus Fehler machen dürfen und in die Lage versetzt werden, ihre Kompetenzen eigenverantwortlich einzuschätzen, sodass sie nicht von der Lehrperson abhängig sind.

Wenn wir liebevoll unterrichten und dabei Zuwendung, Engagement, Wissen, Verantwortung, Respekt und Vertrauen miteinander verbinden, gelingt es uns oft auch besser, direkt zum Kern der Sache vorzudringen, sobald wir in den Unterricht kommen. Es bedeutet, dass wir genau wissen, was wir an jedem Tag tun müssen, um das beste Klima für optimales Lernen zu schaffen. Wer darauf fixiert ist, jeden Tag denselben Unterrichtsstil anzuwenden und jede Abweichung vom konkreten Unterrichtsplan fürchtet, verpasst die Chance, sich voll auf den Lernprozess einzulassen. Es ist viel wahrscheinlicher, dass die Betreffenden dann eine Ordnung und Ruhe in ihrer Lehrveranstaltung haben und die Lernenden ihrer Autorität gehorchen. Auch ist es viel wahrscheinlicher, dass sie sich zufrieden fühlen, weil sie alle Informationen vermittelt haben, die sie behandeln wollten. Und doch verpassen sie die stärkste Erfahrung, die wir den Lernenden bieten können, nämlich die Möglichkeit, sich voll und ganz auf das Lernen einzulassen und Anteil zu nehmen.

Oft wollen Lehrende Gefühle im Unterricht lieber ignorieren, weil sie Angst vor den Konflikten haben, die daraus entstehen könnten. So gerne wir uns alle vorstellen, dass der Hochschulcampus ein Ort ohne Zensur ist, an dem freie Meinungsäußerung vorherrscht und die Studierenden zu Debatten und dialektischem Austausch ermutigt werden, so ist doch eher das Gegenteil der Fall, wenn wir uns vor Augen führen, was in den Hochschulen wirklich vor sich geht. Meistens trauen sich die Studierenden nicht zu sprechen, weil sie befürchten, bei den Lehrenden und den anderen Studierenden auf Unverständnis zu stoßen. Normalerweise haben sie Angst davor, eine andere Meinung zu vertreten, wenn sie glauben, dass dies zu einem Konflikt führen könne. Auch wenn sich niemand von uns vorstellen kann, eine romantische Beziehung mit einer anderen Person zu führen, in der es nie zu Konflikten kommt, neigen Lernende und manchmal auch Lehrende, vor allem in heterogenen Gruppen, dazu, das Vorhandensein von Konflikten als Bedrohung für den kritischen Austausch zu sehen und zu glauben, dass Gemeinschaft nicht möglich ist, wenn es unterschiedliche Gedanken und Meinungen gibt. Denn viele von uns haben in ihren Herkunftsfamilien keinen kritischen Austausch erlebt, bei dem unterschiedliche Standpunkte zum Ausdruck gebracht und Konflikte konstruktiv gelöst wurden. Stattdessen bringen wir unsere unbewältigten Ängste und Unsicherheiten mit in den Unterricht.

In einem liebevollen Unterrichtsumfeld jedoch wird den Lernenden sowohl durch die Anwesenheit als auch durch das Verhalten der Lehrperson vermittelt, dass ein kritischer Austausch stattfinden kann, ohne dass dadurch irgendwelche Gefühle verletzt werden, und dass Konflikte auf konstruktive Weise gelöst werden können. Zwar sind die Lehrenden aufgrund ihrer Leitungsrolle am besten in der Lage, ein Klima der Liebe im Unterricht zu schaffen, doch haben die Lernenden durchaus auch die Möglichkeit, ihre Liebe zum Lernen auf eine Art und Weise mitzuteilen, die bei einer emotional möglicherweise unbeteiligten Lehrperson Funken sprühen lassen kann. Unabhängig davon, aus welcher Richtung die Liebe im Unterricht auftaucht, sie wirkt transformierend. Alle echten Liebesbeziehungen geben den Menschen, die an der gegenseitigen Partnerschaft beteiligt sind, Kraft. Die Liebe zwischen Lehrenden und Lernenden macht Anerkennung möglich und bietet einen Ort, an dem sich das akademische Streben mit unser aller Streben nach psychischem Wohlbefinden überschneidet. Das Bildungswesen wird sich in unserem Land zum Besseren wenden, wenn alle Lehrenden zu lieben lernen, und zwar sowohl außerhalb als auch innerhalb des Unterrichts.

Zwar gehe ich an jede Unterrichtserfahrung mit einer liebevollen Grundhaltung heran, doch oft entwickelt sich zwischen einzelnen Studierenden und mir eine Beziehung der Liebe, die die Zeit überdauert. Die, die ich am meisten liebe, scheinen mein Leben nie zu verlassen. Auch wenn sie erwachsen geworden sind und mittlerweile selbst unterrichten oder andere Berufe ergriffen haben, rufen sie mich immer noch an, um sich von mir anleiten, beraten und unterstützen zu lassen. Die Tatsache, dass unsere von Liebe geprägte Lehr-Lern-Beziehung weit über unsere Zeit im Unterricht hinaus andauert, ist eine Bestätigung für die Macht der Liebe. Als ich eine meiner Studentinnen, die jetzt Juraprofessorin ist, fragte, ob meine Liebe zu ihr eine Atmosphäre der Bevorzugung im Unterricht geschaffen habe, lachte sie und sagte: »Machst du Witze? Je mehr du uns geliebt hast, desto härter mussten wir arbeiten.« Es kann keine Liebe ohne Gerechtigkeit geben.

Liebe im Unterricht bereitet Lehrende und Lernende darauf vor, neben dem Verstand auch ihre Herzen zu öffnen. Sie ist das Fundament, auf dem jede Lerngemeinschaft aufgebaut werden kann. Lehrende müssen nicht befürchten, dass Liebe im Unterricht zu Bevorzugung oder Konkurrenz zwischen den Lernenden führt. Die Liebe wird uns immer wegführen von Herrschaft in all ihren Formen. Die Liebe wird uns immer wieder neu herausfordern und uns verändern.

28

Feministischer Wandel

Liebe verbindet. Liebe heilt. Lass die Liebe regieren. Schenke Liebe – tolle Sprüche für Karten zum Valentinstag. Ich stelle mir gerne vor, wie sie auf die kandierten Herzen meiner Kindheit geritzt werden, die wir uns damals mit so heiligem Ernst untereinander schenkten. Die Botschaft, an die ich mich aus dieser Zeit am besten erinnere, lautet in roter Schrift auf einem rosa Herz: »Sei mein«. All die genannten Worte der Liebe sind Sätze, die ich auf die Titelseite der drei Bücher geschrieben habe, die meine Liebestrilogie bilden: *All About Love. New Visions (2001); Salvation. Black People and Love (2021); und Communion. The Female Search For Love (2002).*[9] Und obwohl sich diese Bücher hervorragend als Geschenke zum Valentinstag eignen, stellen sie alle die Besessenheit unserer Kultur von romantischer Liebe und Partnerschaft infrage. Die meisten Menschen würden wohl einräumen, dass es Freundschaften und nicht romantische Bindungen sind, in denen sie die Kunst und die Praxis des Liebens zum ersten Mal gelernt haben. Doch sobald ich erwähne, dass ich über die Liebe schreibe, gehen alle davon aus, es handele sich um romantische Beziehungen. Und das gilt umso mehr, wenn ich von Männern und Frauen spreche. Immer wieder muss ich klarstellen, dass die Liebe in Beziehungen zwischen Vätern und Töchtern, Schwestern und Brüdern usw. genauso wichtig ist.

9 Zwei der Bücher, *All about Love* und *Communion*, liegen in deutscher Übersetzung vor: *Alles über Liebe. Neue Sichtweisen*, Hamburg: Harper Collins 2021, Übersetzung: Heike Schlatterer; *Lieben lernen. Alles über Verbundenheit,* Hamburg: Harper Collins 2022, Übersetzung: Elisabeth Schmalen.

Der romantischen Liebe wird immer mehr Aufmerksamkeit gewidmet, weil sie die Liebesbeziehung ist, in der wir die größte Wahlfreiheit haben, und doch liegt das Fundament unseres Denkens über die Liebe, unserer Hoffnungen und Träume meist in der Kindheit, in unseren Beziehungen zu Eltern und Geschwistern, zu Verwandten und dann zu Freund:innen. Und wenn wir in unseren romantischen Partnerschaften nicht die Liebe finden, nach der unsere Seele sich sehnt, suchen wir gewöhnlich in der Vergangenheit, um herauszufinden, warum die Dinge schief laufen, warum wir niemanden finden, den wir lieben können, warum wir nicht die Liebe finden, die Bestand hat. Obwohl wir in einer Kultur leben, die von Liebe besessen ist, denken die meisten Menschen immer noch, dass die Sehnsucht zu lieben und geliebt zu werden eine Schwäche sei. Und ob Frau oder Mann, wenn wir offen darüber sprechen, dass wir uns Liebe wünschen und sie nicht bekommen, werden wir eher bemitleidet als bewundert.

Es überrascht also nicht, dass die zeitgenössische feministische Bewegung sich über die weibliche Suche nach Liebe lustig machte und den Eindruck erweckte, dass Macht wichtiger sei als Liebe. Um die Gleichberechtigung mit den Männern zu erreichen, so wurde einfach unterstellt, müssten wir die Liebe vergessen und unseren Verstand und unser Herz auf die Freiheit ausrichten. Doch alles, was das feministische Bashing der Liebe bewirkte, war, dass sich viele Frauen von der Bewegung abwandten. Davon abgesehen kamen vielfach Frauen an die Macht, nur um dann festzustellen, dass es ihnen an Liebe fehlte und dass keine Macht ohne Liebe befriedigend war. Für viele Frauen kam die Erkenntnis, wie wichtig die Liebe ist, erst in den Jahren nach dreißig, zu einem Zeitpunkt, an dem wir begannen, über die wahre Bedeutung der Liebe in unserem Leben nachzudenken, nicht über die alten patriarchalen Vorstellungen von Liebe, sondern über ein Verständnis von Liebe als Kern der individuellen Selbstverwirklichung. Nun wissen wir, wie ich in *Communion* nachdrücklich betone, dass »keine Frau Freiheit finden kann, ohne zuerst ihren Weg zur Liebe zu finden«.

In einer Zeit, in der viele unserer brillanten Schülerinnen und Studentinnen voller Selbstzweifel und Ängste sind, scheint es besonders wichtig zu sein, über die Liebe innerhalb und außerhalb des Unterrichts aus einer feministischen Perspektive zu sprechen. Sie sorgen sich vielleicht darum, ob sie noch als cool gelten, wenn sie ihre Intelligenz einsetzen, oder sie kämpfen mit der uralten Angst, dass klug zu sein bedeutet, dass sie allein sein werden. Um ihnen sowohl in der Theorie als auch in der Praxis etwas beizubringen, müssen Professorinnen, die für den Feminismus eintreten, den Mut haben, ihr Licht leuchten zu lassen und ihre Fähigkeit, sich selbst und andere zu lieben, als Stärke und Macht zu offenbaren. Studentinnen werden nicht von Professorinnen inspiriert, die in der Lehre zwar stark sind, sich aber in ihrem Privatleben auf traurige Weise klein machen.

Die Suche der Frau nach Liebe muss damit beginnen, an der Selbstliebe zu arbeiten. Das alte Sprichwort, dass man andere nicht lieben kann, wenn man sich selbst nicht liebt, ist einfach wahr. Wir sind davon besessen, jemand anderen als uns selbst zu lieben, weil es für Frauen offenbar sehr schwierig ist, sich selbst zu lieben. Solange das Patriarchat besteht, werden unabhängige, starke, sich selbst liebende Frauen den Status quo immer ›bedrohen‹. Keine noch so große Gleichberechtigung im täglichen Leben hat die Klischees über selbstbewusste Frauen aus der Welt geschafft. Kein Wunder also, dass starke, selbstbewusste Frauen, die auf der Suche nach Partner:innen fürs Leben sind, egal ob männliche oder weibliche, immer noch mit einer Welt konfrontiert sind, die uns ein bisschen suspekt findet. Es ist solange in Ordnung, wie wir in unserem Gefühlsleben Probleme haben und im Berufsleben stark sind; erst wenn wir in jeder Hinsicht gut funktionieren und selbstliebend sind, werden unsere Bemühungen, intime Bindungen einzugehen, komplizierter.

Daher ist es nicht weiter verwunderlich, dass unsere Kultur eine riesige Zahl junger Frauen hervorbringt, die in der Arbeitswelt mächtig sein und viel Geld verdienen wollen, die weit über das hinausgehen, was Männer bisher erreicht haben, und damit beweisen, dass Frauen den Männern nicht nur ebenbürtig, sondern vielleicht sogar überlegen sind – und die ihre ›Weiblichkeit‹ dann doch wieder auf traditionelle Weise demonstrieren, indem sie sich emotional als völlig verkorkst zeigen. Diese Frauen halten sich selbst gerne für Powerfeministinnen, aber was sie am meisten fürchten, ist die Arbeit der Selbstliebe. Frauen, die sich selbst lieben, erwarten Liebe von ihren Partner:innen, und wenn wir wollen, dass diese männlich sind, wird es schwieriger, jemand seelenverwandtes zu finden. In meinem Buch *Communion* erinnere ich deshalb alle daran, dass die Suche nach Liebe und die Suche nach einem Mann zwei verschiedene Dinge sind. Einen liebenden Mann zu finden, ist in der Kultur des Patriarchats immer noch schwierig, nicht unmöglich, aber definitiv nicht einfach. Viele Männer haben ihr Bewusstsein zwar so erweitert, dass sie gerne mit mächtigen Frauen zu tun haben, aber die Wahl einer mächtigen Partnerin löst bei ihnen immer noch Angst aus.

Natürlich wurden Frauen in Beziehungen seit jeher unterdrückt und konnten leider nicht feststellen, dass sie Freude oder Glück bringen. Die beste Garantie dafür, dass eine Frau Liebe erfährt, ist, dass sie sich selbst liebt und diese Liebe als Grundlage für ihre volle Selbstverwirklichung nutzt. Wenn sie einen Kreis der Liebe wählt, in dem sie tanzt, einen Kreis, der aus Geliebten, ehemaligen Geliebten, Partner:innen, Freund:innen und der Familie bestehen mag, hat sie die Gewissheit, in guter Gesellschaft zu sein und nie allein zu sein, wenn sie es nicht will. Wie ich in *Communion* feststelle: »Weise Frauen, die lieben, wissen, dass wir Frauen, egal, wie stark das Patriarchat ist, die Verantwortung dafür übernehmen müssen, unser Leben auf eine Weise zu verändern, die uns ermächtigt, uns für die Liebe zu entscheiden. Allein durch die Liebe lernen wir, wie wir all die Hürden überwinden können, die uns daran hindern, uns selbst zu verwirklichen.«

Betrachtet die Liebe als die heroischste und göttlichste Suche, zu der das Leben uns aufruft. Und lasst diese Reise mit der Suche nach der vollen Selbstliebe beginnen. Gerade jetzt, da wir Frauen mit unserer Forderung nach Anerkennung unseres Menschseins, unserer Gleichheit und unserer Gaben so weit gekommen sind und täglich die Früchte dieses Kampfes ernten, ist es weise, eine Rückbesinnung auf die Liebe zu fordern.

29

Jenseits von Race und Gender

In diesen Zeiten des extremen antifeministischen Backlashs, des zunehmenden Faschismus und der damit einhergehenden Unterstützung des Krieges und aller kriegsähnlichen Vorgänge ist es von entscheidender Bedeutung, dass wir die Stärke der fortbestehenden feministischen Bewegung und der Frauenforschung feiern. Ihre bloße Existenz, ihr Überleben, ihr kontinuierliches Wachstum und ihre Entwicklung sind ein Beweis für die Kraft der Solidarität zwischen fortschrittlichen Frauen und Männern und insbesondere für die Solidarität einzelner visionärer Schwarzer Frauen, die gegen die konservative, in sexistischen Vorurteilen verwurzelte Geschichtsschreibung ankämpfen mussten, die einst auch die unumstößliche Basis der feministischen Bildung darstellte. In der Einleitung ihres Buches *We Are the Ones We Have Been Waiting For* stellt Alice Walker fest:

> »Es ist die schlimmste aller Zeiten, weil es sich anfühlt, als ob uns die Erde selbst gestohlen wird. (...) das Land und die Luft vergiftet, das Wasser verschmutzt, die Tiere verschwunden, die Menschen entwürdigt und in die Irre geführt. Und überall ist Krieg. Es ist aber auch die beste aller Zeiten, denn wir sind in eine Periode eingetreten (...) von großer Klarheit in Bezug auf Ursache und Wirkung. Ein Segen, wenn wir bedenken, wie viel Leid die Menschen in den vergangenen Jahrtausenden ertragen mussten, ohne eine Ahnung von dessen Ursache zu haben (...). Weil wir jetzt in alle Winkel dieser Erde blicken können und weil wir nun die Freiheit haben, bisher unerforschte Winkel in unseren eigenen Herzen und Köpfen zu erkunden, ist es unvermeidlich, dass alles, was wir zum Überleben verstehen mussten, alles, was wir auf die grundlegendste Art und Weise verstehen

mussten, jetzt erleuchtet wird (...). Wir leben in einer Zeit der globalen Erleuchtung. Dies allein sollte uns zu einem Freudenschrei veranlassen.«

Als feministische Lehrende können wir vor Freude schreien. Und doch müssen wir auch unseren kollektiven Willen stärken, den Kampf für die Freiheit fortzusetzen, unseren Intellekt und unsere Fantasie zu nutzen, um neue und befreiende Wege des Wissens, des Denkens und des Seins zu beschreiten und uns für Veränderungen einzusetzen. Wir müssen unser kritisches Bewusstsein neu beleben und die Saat des kämpferischen Radikalismus wieder aufkeimen lassen, der die Wurzel jedes einzelnen Studiengangs für Frauenstudien und Feministische Studien und jedes Frauenforschungszentrums in unserem Land ist. Dazu müssen wir es wagen, feministische Treffen zum Anlass zu nehmen, um zu feiern, aber auch, um unser Bewusstsein zu erweitern. Erinnern wir uns an die Einsicht von Audre Lorde, die uns alle einmal aufforderte, uns in all unserer Vielfalt und Unterschiedlichkeit in Bezug auf Race, Klasse, Nationalität, Religion und sexuelle Orientierung auf das zu besinnen, »was dunkel und alt und göttlich in uns selbst ist, damit es unser Sprechen, unser Träumen, unsere Lebensweise beflügeln kann.«

Wenn wir von dem alten dunklen Göttlichen sprechen, geschieht dies nicht in der Absicht, das volkstümliche Bild der allwissenden, starken Schwarzen Frau wieder neu zu beleben. Unsere Absicht ist weder die Re-Mammyfizierung noch die Beschwörung eines rassifizierten sexistischen Denkens, das die Körper und das Wesen Schwarzer Frauen exotisiert, indem suggeriert wird, wir befänden uns von Natur aus mehr im Einklang mit der Erde, seien gefühlvoller, nährender, fürsorglicher und ethischer als andere Gruppen von Frauen, oder dass wir eine weibliche Alternative zum Patriarchat darstellten. Das Patriarchat hat kein Geschlecht.

Wenn wir in radikaler Weise vom dunklen Göttlichen sprechen, ist das eine Einladung an uns alle, über Race und Gender hinauszugehen, uns jenseits von Kategorien zu bewegen und in die inneren Räume unserer Psyche vorzudringen, um dort dem Grund unseres Seins zu begegnen, dem Ort des Mysteriums, der Kreativität und der Möglichkeiten. Denn dort können wir den Willen entwickeln, der Widerstand leisten kann, der neue Visionen hervorbringen kann, der die Wege aufzeigen kann, die uns, wenn wir sie einschlagen, befreien werden. Sich auf das alte dunkle Göttliche einzulassen, bedeutet, sich auf das Politische und das Spirituelle zu besinnen. Wenn wir auf das dunkle Göttliche hören, sind wir alle dazu aufgerufen, uns mit Schwarzen Frauen weltweit zu identifizieren. Wir sind aufgerufen, klar zu sehen, dass das Schicksal der Schwarzen Frauen in der Welt wie ein Spiegel ist, in den wir schauen können, um dort unser aller Schicksal sich entfalten zu sehen.

In der Anfangsphase der gegenwärtigen feministischen Bewegung war es üblich, von einer doppelten Gefahr für Schwarze Frauen zu sprechen, da wir mit hoher Wahrscheinlichkeit sowohl Opfer von Sexismus als auch von Rassismus sind. Mit dem Fortschreiten der Bewegung wurde diese Gleichung um den Faktor Klasse erweitert, und es entstand die Diskussion über eine Dreifachgefährdung. In Wirklichkeit werden Schwarze Frauen von allen Seiten angegriffen, an so vielen Fronten, dass Worte wie »doppelte« oder »dreifache Gefährdung« schlichtweg unzureichende Beschreibungen sind. Wir sind Ausbeutung und/oder Unterdrückung ausgesetzt. Wir sind von so vielen Seiten mit Entmenschlichung konfrontiert, dass die bisher entwickelten feministischen Strategien für unser Überleben bei Weitem nicht so komplex und klar definiert sind, wie sie es sein müssten, wenn sich unsere Situation wirklich verbessern soll.

Für Schwarze Frauen weltweit und hier in unserem Land sind dies gefährliche Zeiten. Um ein möglichst gutes Leben zu führen und vor allem um zu überleben, brauchen wir eine feministische Theorie und Praxis, die nicht nur das Bewusstsein schärft, sondern auch neue und andere Wege des Denkens und des Seins eröffnet. Solche aktivistischen Strategien müssen zwangsläufig radikal und/oder revolutionär sein, weil es innerhalb der bestehenden Struktur des imperialistischen, kapitalistischen Patriarchats der weißen Vorherrschaft keinen Ort gibt, an dem wir wirklich sicher sind, weder als Einzelne noch als Kollektiv. Wenn wir zusammenkommen, um zu feiern, stellen einige von uns, die sich von Anfang an in Frauenzentren engagiert haben, fest, dass unsere Freudenschreie manchmal auch Momenten der Trauer, des rituellen Gedenkens Platz machen müssen. Denn in dieser unsicheren Welt mussten wir den vorzeitigen Verlust, den Tod so vieler starker Schwarzer Frauenstimmen, Schriftstellerinnen, Wissenschaftlerinnen, Aktivistinnen, Künstlerinnen und visionärer

Feministinnen hinnehmen. Für einige von uns waren die Colleges und Universitäten die Orte, an denen wir uns zum ersten Mal versammelten, einander von Angesicht zu Angesicht begegneten und unseren Stimmen Gehör verschafften. Hier lernten wir zum ersten Mal den Geschmack der Solidarität kennen, der so süß, so wohltuend war, dass wir buchstäblich mitgerissen wurden, berauscht und ergriffen von der Kraft des gebrochenen Schweigens, vom Klang unserer dekolonisierten Sprache. Das ist es, was Audre Lorde im Gespräch mit Adrienne Rich beschreibt, wenn sie erklärt: »Was das Verstehen bewirkt, ist, dass es Wissen verfügbar macht, damit wir es für uns nutzen können, und das ist die dringendste Aufgabe, das ist der Anstoß, das ist der Antrieb.« In jenen berauschenden Tagen lernten wir genau das. Wir brauchten damals das Frauenzentrum und die Frauenforschung, und wir brauchen sie auch noch heute. Viele wichtige feministische Theorien bzw. Schwarze feministische Theorien sind in Gesprächen und Debatten an diesen Orten entstanden.

In den frühen Tagen der feministischen Bewegung war Toni Cade Bambara bei uns, eine Linke, Gesellschaftskritikerin, Schriftstellerin, Anführerin einer Schwarzen feministischen avantgardistischen Bewegung und Liebhaberin des Schwarzseins. Es war ihre Stimme, die uns in der Anthologie *The Black Woman* sagte, was wir tun müssten: »eine vergleichende Studie über die Rolle der Frau (...) in allen Ländern der Dritten Welt erstellen; das öffentliche Schulsystem untersuchen und einige praktikable Alternativen entwerfen; uns selbst erforschen und die Geschichte von der Matriarchin und der bösen Schwarzen ›Bitch‹ richtigstellen; in die Geschichte eintauchen und alle [Schwarzen] Kriegerinnen ehren (...); die Arbeit umreißen, die auf dem Gebiet der Verbraucher:innenaufklärung und der kooperativen Ökonomie geleistet wurde und noch zu leisten ist; uns mit dem gesamten Bereich der Sinnlichkeit und der Sexualität befassen«.

Dies sind nur einige der Erkenntnisse, die wir uns in Erinnerung rufen und nutzen müssen. Bambara weist uns klugerweise darauf hin, dass wir über vereinfachende Kategorien wie männlich und weiblich hinausgehen müssen. Sie erklärt: »Ich habe das in diesen Definitionen implizierte Entweder-Oder immer als kontraproduktiv zu dem empfunden, worum es bei der Revolution des eigenen Selbst geht – um die ganze

Person. Die üblichen Vorstellungen von differenzierten Geschlechterrollen sind ein Hemmnis für die politische Bewusstseinsbildung. Denn in erster Linie müssen Revolutionär:innen zu völliger Autonomie fähig sein.« Bambara schrieb diese Worte bereits 1970, und doch fragen mich Leser:innen und andere Schwarze Frauen, die sich mit feministischer Theorie und Praxis beschäftigen, immer noch: »Bist du zuerst Schwarz oder zuerst eine Frau?« Wir wissen, dass die Antwort auf die Frage, welche feministischen Denkerinnen von ihnen gelesen und studiert werden, fast immer »keine« lautet. Aus diesem Grund sind Archive so wichtig, ebenso wie die kontinuierliche Beschäftigung mit unserer Arbeit. Deshalb ist es wichtig, dass die Werke visionärer Schwarzer Vordenker:innen in Archiven gesammelt werden, die in erster Linie denjenigen zugänglich sein sollten, die sich für den Prozess der Dekolonisierung engagieren. Wir wissen, wie leicht und wie schnell unsere Worte in Vergessenheit geraten und unsere Geschichte begraben wird.

Wir alle wissen auch, dass Studierende, selbst unsere Studierenden der Frauenforschung, oft keine Anzeichen von Wiedererkennung zeigen, wenn wir über die Werke von Pat Parker, Lorraine Hansberry, Barbara Christian, Endesha Mae Holland, June Jordan, Octavia Butler und sogar Audre Lorde sprechen. Wir wissen, dass die feministische Denkerin Michelle Wallace theoretisch über das Wesen und die Auswirkungen unserer fortwährenden Unsichtbarkeit nachgedacht hat, weil sie mit der Angst vor Auslöschung gelebt hat. In Invisibility Blues erinnert sie uns daran:

> »Ich bin zu der Überzeugung gelangt, dass die Schwierigkeiten, auf die Schwarze Schriftstellerinnen stoßen, struktureller und systemischer Natur sind. (...) Da Schwarze Frauen bei der Produktion von Wissen als marginal wahrgenommen werden, kann man ihrem Urteil nicht trauen (...). Infolgedessen ist es Schwarzen Frauen (sowohl von ihnen selbst als auch von anderen) nicht erlaubt, verbindliche Aussagen über das Wesen von Stärke, Handlungsmacht und Widerstand innerhalb und außerhalb der Schwarzen Community zu treffen. Wenn sie dennoch darauf beharren, werden sie von allen Seiten entmutigt.«

Diese Erkenntnis von Wallace erinnert uns einmal mehr daran, warum es wichtig ist, dass unsere Unterlagen gesammelt, wertgeschätzt und genutzt werden. Wie wir alle wissen, gibt es durchaus eine kleine Anzahl Schwarzer Schriftstellerinnen, denen es gelungen ist, den Aufstand gegen die Unterdrückung des Wissens so zu führen, dass unsere Arbeit auf breiterer Basis gelesen, in Colleges und Universitäten studiert und in einer Vielzahl von Texten zitiert wird (ich zähle meine Arbeit ebenfalls zu dieser Kategorie). Doch diese Berücksichtigung gewährleistet noch keine dauerhafte Präsenz, keine anhaltende Sichtbarkeit und keine nachhaltige Anerkennung.

Einerseits ist es großartig, dass die Kritik am Rassismus durch Frauen of Color, von denen viele Schwarze Frauen sind, die feministische Bewegung grundlegend verändert hat. Andererseits finden wir jedoch immer noch renommierte Theoriearbeiten weißer Frauen, die auf dieser Arbeit aufbauen, ohne dass die einzelnen Schwarzen Wissenschaftlerinnen, die das Fundament gelegt haben, erwähnt werden. Um uns gegen diese Auslöschung zu wehren, müssen wir alles in unserer Macht Stehende tun, um Texte und Ideen zu dokumentieren, hervorzuheben, zu studieren, zu würdigen und, was am wichtigsten ist, um neue, wegweisende Werke zu schaffen, die das Schweigen brechen und all die Mauern niederreißen, die errichtet wurden, um unsere Sicht auf uns selbst und unsere Zukunft zu versperren.

Komischerweise ist ein Großteil der Arbeiten Schwarzer Frauen konservativer, reformorientierter und weniger radikal geworden, seit ihnen mehr Aufmerksamkeit geschenkt wird. Wir bekommen Gender ohne Feminismus. Man bietet uns die Weiblichkeit an, als sei sie das Gegengift gegen diesen gefährlichen Feminismus. Wenn wir Wallaces Schrift über Unsichtbarkeit mit der ständigen Forderung Lordes in ihrem Werk verbinden, das Schweigen zu brechen, dann reklamieren wir unsere Macht, uns selbst sichtbar zu machen. Denn wir verfügen sowohl über eine Theorie, die es uns ermöglicht, zu verstehen, was uns einschränkt, als auch über eine Theorie, die unsere Macht, uns selbst zu befreien und für uns selbst zu sprechen, begrifflich erfasst. Lorde fordert uns auf, uns nicht von der Angst gefangen halten zu lassen. In »The Transformation of Silence into Language and Action« erklärt sie: »Wir können lernen zu arbeiten und zu sprechen, wenn wir Angst haben, genauso wie wir gelernt haben zu arbeiten und zu sprechen, wenn wir müde sind. Denn wir sind dazu erzogen worden, vor der Angst mehr Respekt zu haben als vor unseren eigenen Bedürfnissen nach Sprache und Definition, und während wir in der Stille auf diesen letzten Luxus der Furchtlosigkeit warten, wird uns das Gewicht dieser Stille erdrücken (...). Es gibt eine Menge Schweigen, das gebrochen werden muss.«

Manchmal wollen wir lieber darüber schweigen, wie ernst unsere Situation ist. Wir wollen nicht darüber sprechen, wie schwierig es für Schwarze Frauen unabhängig von ihrer sozialen Schicht geworden ist, in irgendeinem Bereich unseres Lebens Unterstützung zu bekommen. Wir wollen darüber schweigen, wie schwer es ist, das Bewusstsein innerhalb und außerhalb der Schwarzen Communitys zu schärfen, den Sexismus zu kritisieren, herauszufordern und zu bekämpfen, vor allem, wenn die Formen von Schwarzer Community, die einst eine echte Solidarität mit fortschrittlichen Schwarzen Männern ermöglichten, täglich weiter erodieren. Alle Schwarzen Frauen, unabhängig davon, zu welcher Klasse sie sich zählen, wissen, wie schwierig es ist, unser Leben konstruktiv zu verändern, damit wir die Gesundheit und das Wohlbefinden haben, die wir brauchen, um revolutionäre Visionen des sozialen Wandels zu verwirklichen.

Bezeichnenderweise waren Toni Bambara, Audre Lorde und June Jordan allesamt kritische Denkerinnen, die es wagten, kämpferisch zu sein und zu sprechen, als das Schweigen doch so viel bequemer gewesen wäre. Sie alle schrieben über die Notwendigkeit, dass Schwarze Frauen sich den Raum erobern müssen, in dem sie ihre Zerrissenheit überwinden und wieder zu sich selbst finden können. In ihrem Essay »Where Is the Love« spricht Jordan offen über ihr Engagement für die feministische Bewegung und bezeugt:

> »Ich bin Feministin, und das bedeutet für mich dasselbe wie die Tatsache, dass ich Schwarz bin: Es bedeutet, dass ich bestrebt sein muss, mich selbst zu lieben und zu respektieren, so als ob mein Leben davon abhinge. Es bedeutet, dass ich mich unablässig bemühen muss, mich von dem Hass und der Verachtung zu reinigen, von denen meine Identität umgeben und durchdrungen ist. (...) Es bedeutet, dass das Streben nach Selbstliebe und Selbstachtung ständige, höchste Wachsamkeit erfordert und dass ich meine Seele damit in einen Kampf einbringe, der mit Sicherheit die Erfah-

> rung aller Völker der Erde verändern wird, wie es tatsächlich keine andere Bewegung von sich behaupten kann. Denn die Bewegung hin zu Selbstliebe, Selbstachtung und Selbstbestimmung ist die Bewegung, die heute die wahre, die unbestreitbare Mehrheit der Menschen überall antreibt.«

Für unseren Kampf um Selbstbestimmung ist es unerlässlich, dass wir von Liebe sprechen, denn die Liebe ist das notwendige Fundament, das uns befähigt, Krieg und Entbehrung, Krankheit und Tod durchzustehen, ohne dass unsere Seele Schaden nimmt. Es ist die Liebe, die uns erlaubt zu überleben, und zwar in einer ganzheitlichen Weise.

Als ich begann, Bücher über Liebe für ein breiteres Publikum zu schreiben, hörte ich oft von Leser:innen, dass ich nicht mehr so radikal, so kämpferisch sei, wie ich es in ihren Augen einmal gewesen war. Für diejenigen, die den Schwarzen weiblichen Intellekt einschränken und definieren und uns im universitären Elfenbeinturm einsperren wollen, wo wir mit unseren Lehren nicht die Masse der Menschen, die auf der Suche nach lebensverändernder Theorie und Praxis sind, erreichen können, hat Liebe keine Bedeutung. Daher werden sie nicht verstehen, dass es die kämpferischste, radikalste Intervention ist, die ein Mensch überhaupt unternehmen kann, von Liebe nicht nur zu sprechen, sondern Liebe zu praktizieren. Denn Liebe als Grundlage aller emanzipatorischen sozialen Bewegungen ist die einzige Möglichkeit, eine Welt zu schaffen, die weder von Herrschaft noch von Herrschaftsdenken wieder zerstört werden kann. Jedes Mal, wenn wir die Arbeit der Liebe tun, arbeiten wir daran, Herrschaft abzuschaffen.

Wir, die Schwarzen Frauen weltweit, haben eine lange Leidensgeschichte hinter uns, in der wir dagegen ankämpfen mussten, gebrochen zu werden, in der wir große Schmerzen ertragen und dennoch durchhalten mussten. Dies ist immer noch die Geschichte von Opfern. Doch die Geschichte, die visionäre, radikale Schwarze Frauen hier und heute schreiben, durch die Art, wie wir leben und durch unsere Arbeit, ist keine Geschichte, die mit Verletzungen beginnt. Es ist eine Geschichte, die mit der Erkenntnis beginnt, dass die Arbeit der Liebe unser revolutionärer Ausgangspunkt ist, dass uns selbst zu lieben, unabhängig von unserer Situation, bedeutet, dass wir bereits auf dem Weg sind zu gewinnen.

30

Über Sexualität sprechen

Als ich jünger war, wurde ich überall nach meinem Sexualleben gefragt oder mir wurden Neuigkeiten darüber erzählt. Ich scherzte oft, dass, wenn ich so viel Sex hätte, wie die Gerüchteküche behauptete, ich zu viel Zeit im Liegen verbringen würde, um aufrecht sitzen und etwas schreiben zu können. Auf die Frage, ob ich hetero oder lesbisch sei, antwortete ich, ich sei eine Sex-Radikale. Als ich auf die fünfzig zuging, verschwand die Neugier auf mein Sexualleben fast völlig. Die einzigen, die noch wissen wollten, ob ich Sex hatte, und mit wem, waren Frauen wie ich selbst: Frauen mittleren Alters, meist berufstätig, Feministinnen, Frauen, die sich gegenseitig für ›heiß‹ hielten. Wir sind eine kleine Minderheit. Nach vielen Jahren des selbstgewählten Zölibats sehe ich mich immer noch als Sex-Radikale. In der Einleitung zu ihrem Buch *Public Sex. The Culture of Radical Sex* erklärt Pat Califia, eine Sex-Radikale zu sein bedeute, »sowohl rebellisch als auch von der Norm abweichend zu sein«. Weiter führt sie aus:

> »Es bedeutet, sich bewusst zu machen, dass die Art und Weise, wie im täglichen Leben über Sex gesprochen wird (oder wie er versteckt wird), etwas Unbefriedigendes und Unehrliches hat. Es bedeutet auch, kritisch zu hinterfragen, wie in unserer Gesellschaft Privilegien auf der Grundlage der Beachtung ihres Moralkodexes zugewiesen werden und tatsächlich jede Entscheidung zu einer Frage der Moral gemacht wird. Wenn Sie der Meinung sind, dass diese Missstände nur durch einen extremen sozialen Wandel beseitigt werden können, dann sind Sie Sex-radikal.«

Nach dieser Definition würde Audre Lorde sicherlich zu dieser Gruppe gehören. Sie weigerte sich, über ihre Sexualität zu schweigen. Und über ihre mutigen Überlegungen zur Schwarzen lesbischen Sexualität hinaus forderte sie uns alle in ihrem aufschlussreichen Essay »Uses of the Erotic« auf, über »die Erotik als Macht« nachzudenken. In diesem Essay schreibt sie nicht viel über Sexualität. Dennoch wird dieser Text häufig in Aufsätzen von progressiven Denker:innen zitiert, die über das Thema schreiben. Sowohl bei seiner Erstveröffentlichung als auch heute liegt die Bedeutung dieses Essays darin, dass Frauen hier erlaubt wurde, offen über erotische Energie zu sprechen und nicht zuzulassen, dass diese Energie »allein in das Schlafzimmer verbannt wird«. Für Lorde war die Beanspruchung des erotischen Raums ein wesentlicher Akt des Widerstands, eine Möglichkeit, sich gegen Entmenschlichung und Fremdbestimmung zu wehren. Sie war von der Macht der Erotik als grenzüberschreitende Kraft überzeugt und erklärte: »Im Kontakt mit der Erotik war ich weniger bereit, Ohnmacht zu akzeptieren.« In einem Interview in der Anthologie *Against Masochism. A Radical Feminist Analysis* sprach sie expliziter über Sexualität und stellte fest: »Auch, wenn es nur im Spiel geschieht, die Behauptung, dass die Ausübung von Macht über Machtlose erotisch und ermächtigend sei, bereitet emotional und sozial den Boden dafür, dass derartige Beziehungen in Politik, Gesellschaft und Wirtschaft ihre Fortsetzung finden.« Lordes Forderung, dass wir uns für die Erotisierung der Gleichheit stark machen müssen, ist für mich nach wie vor eine wichtige Einsicht, die mir viel zu denken gibt, wenn ich über Sexualität nachdenke.

Denn Sex ist eine Gefahrenzone. Im sexuellen Begehren, bei sexuellen Handlungen gibt es so viel, was nicht gleich ist. Ich möchte Gleichheit erotisch machen, auch wenn ich weiß, dass Ungleichheit nicht zwangsläufig zu Herrschaft führen muss. In ihrem fesselnden Buch *Love Does No Harm. Sexual Ethics for the Rest of Us* fragt Marie Fortune: »Was wäre, wenn Gleichheit selbst eine erotische Erfahrung wäre?«

> »Die Möglichkeit einer Beziehung mit einer Person, die genauso stark, fähig, selbstbewusst und klar ist wie wir, scheint am attraktivsten zu sein, wenn wir wirklich an einer Beziehung interessiert sind, d. h. daran, Zeit mit einer Person zu verbringen und dabei Intimität und Vertrauen zu

> erfahren. Eine solche Beziehung erfordert Zeit, Energie, Gespräche und Kompromisse.«

In Anlehnung an Lorde betont Fortune, wie wichtig es ist, die Wahl zu haben und sich so einbringen zu können, dass man »sexuell und emotional auch etwas zurückbekommen kann.« Viele feministische Wissenschaftlerinnen sind nicht in der Lage, Theorien über die Verwendung der Erotik an Orten zu entwickeln, an denen es zwar Wahlmöglichkeiten, aber keine tiefe emotionale Verbindung gibt. In der wunderbaren Anthologie *Her Tongue on My Theory* des Künstlerkollektivs Kiss and Tell wird darauf hingewiesen, dass trotz aller feministischen Bewegung »der Hass der Gesellschaft auf die Sexualität ungebrochen ist«. Weiter heißt es dort, dass die meisten Menschen im Alltag Sexualität »nicht nur gleichgeschlechtlichen Sex, sondern jeden Sex als verdächtig, obszön, pervers und schmutzig« ansehen. Die feministische Vorstellung, dass Sexualität nur im Kontext einer emotionalen Verbindung, einer Liebesbeziehung stattfinden sollte, wird hinterfragt und es wird die Frage aufgeworfen: »Was ist so schlimm an Sex um seiner selbst willen? Offensichtlich ist doch auch niemand der Meinung, dass man nur essen sollte, wenn man verliebt ist.«

Wenn Lorde hier wäre, würde ich sie über die Funktion des Erotischen im Zusammenhang mit Sexualität sprechen hören wollen. Ich würde mich gerne mit ihr über die bedeutsame Verbindung austauschen, die ich zwischen ihrer Arbeit über das Erotische und der Arbeit von Frank Browning in *A Queer Geography. Journeys Toward a Sexual Self* erkenne. Browning führt aus:

> »Mit Erotik meine ich all die starken Gefühle, die wir haben können: für das Begleiten und die Begleitung, für unerfüllbare Flirts, für intellektuelles Stolpern, für schweißtreibende Kameradschaft beim Spiel oder bei der Arbeit, für spirituelle Ekstase, für den Halt in stiller Trauer, für explosive gemeinsame Wut auf einen gemeinsamen Feind, für die erhabene Liebe der Freundschaft. Jede dieser Arten von Liebe kann sowohl mit Frauen als auch Männern in meinem Leben stattfinden und tut es auch. Jede dieser Lieben – Wut, Ekstase, Partnerschaft – kann ineinander übergehen und unser Leben noch komplizierter und verworrener machen, so dass wir beim Abschied feststellen müssen, dass der Mensch, für den wir die stärkste Liebe empfinden, vielleicht weder derjenige ist, den wir am meis-

ten respektieren, noch derjenige, für den wir die größte Lust empfinden. Wenn ich dir zuerst sage, dass ich schwul bin, wird sich unsere Liebe in eine bestimmte Richtung bewegen. Wenn ich dir zuerst sage, dass ich dich liebe – als Kumpel, als Gefährten, als spirituellen Reisenden –, wirst du mein Schwulsein auf eine ganz andere Weise kennenlernen.«

Browning erweitert die Vision von Lorde und lädt uns ein, unsere Vorstellungen von sexueller Identität zu hinterfragen. Seine umfassendere Vision ist eine, für die es noch keine Bezeichnung gibt. ›Sex-radikal‹ könnte funktionieren, vielleicht ›queer‹ oder, wie ich es oft als meine sexuelle Identität behaupte, ›erst queer, dann schwul‹.

Der Versuch, Sexualität theoretisch zu fassen, über Erotik und Sex in einer befreienden Weise zu sprechen, hat in der feministischen Bewegung ein tiefes Schweigen hervorgerufen. Es ist unmöglich, sich mit diesem Schweigen auseinanderzusetzen, ohne an Lordes Aufforderung zu denken, das Schweigen zu brechen – und zu sprechen. Indem wir uns mit Lorde und über sie hinaus weiterentwickeln, müssen wir über eine Vision der Wechselseitigkeit im Raum der Erotik sprechen, über eine Sicht auf Sexualität, die keine Gleichheit als Bedingung für Vergnügen, anhaltende Leidenschaft und emotionales Wachstum voraussetzt. Das Risiko und die Gefahr zu erotisieren bedeutet nicht, Herrschaft zu akzeptieren. Das Erotische, vor allem im Bereich der Sexualität, kann zu spiritueller und emotionaler Selbstverwirklichung führen, auch wenn der Ort, an dem sie beginnt, und der Ort, an den uns das Begehren führt, unvollkommen, ungleich und, ja, potenziell gefährlich ist.

31
Lehren als prophetische Berufung

Je mehr ich unterrichte, desto mehr wird mir klar, dass die Lehrtätigkeit eine prophetische Berufung ist. Sie verlangt von uns, dass wir unseren Visionen und unserem Glauben treu bleiben, auch gegenüber denjenigen, die uns zum Schweigen bringen, zensieren oder in Misskredit bringen wollen. In seinem Buch *The Soul of Politics* erklärt Jim Wallis, dass die prophetischen Berufungen von uns verlangen, »mutig die Wahrheit zu sagen und bereit zu sein, eine alternative Sichtweise zu vertreten – eine, die Menschen befähigt, sich neue Möglichkeiten vorzustellen«. Die prophetische Dimension des Lehrens ist die am wenigsten anerkannte in unserem Land.

Wenn ich von Ladenbesitzer:innen, Taxifahrer:innen, Bankangestellten oder Leuten, die zufällig in einer Schlange stehen, gefragt werde, was ich mache, sage ich ihnen normalerweise, dass ich Englisch unterrichte. Fast alle Menschen halten Englischlehrer:innen für wichtig. Sie sind die Lehrpersonen, an die sich die meisten erinnern, egal ob die Erinnerungen gut oder schlecht sind. Und wenn wir als Erwachsene, die nicht mehr zur Schule gehen, von Englischlehrer:innen sprechen, werden tiefe Erinnerungen wach. Vielleicht denken wir daran zurück, wie schwer es war, zu lesen oder zu schreiben oder wie peinlich es war, vor den anderen laut lesen zu müssen. Es kann die Erinnerung an rot markierte Stellen auf dem Blatt, an durchgestrichene Wörter oder an Ausrufezeichen sein. Manchmal ist es auch nur die Erinnerung daran, dass die Lehrperson »Ja« schrieb und uns damit bestätigte, dass wir verstanden wurden, als wir uns unsicher fühlten. Die Erinnerungen können aber auch tiefgreifender sein. Vielleicht erinnern wir uns daran, wie zum ersten Mal unser kritisches Bewusstsein geweckt wurde. Wir erinnern uns vielleicht an den Moment, als wir zum ersten Mal lernten, uns selbst existenziell zu reflektieren. Oder wir erinnern uns einfach an die Lektüre des ersten Buches, das uns innerlich berührte, uns so ans Herz ging, dass wir die Geschichte regelrecht spürten und unser Inneres völlig verwandelt wurde.

Meine Lieblingslehrerin für Englisch an der Highschool ist schon lange tot. Doch was ich von ihr in sehr guter Erinnerung behalte, ist, dass sie und ihr Unterricht mich herausforderten. Sie verlangte von mir zu denken, zu sein und zu werden, kreativ zu sein. Als ich inmitten der rassistischen Apartheid aufwuchs, genau zu dem Zeitpunkt, als die Aufhebung der Segregation unser aller Leben veränderte, als wir Schwarzen Kinder aus unseren vertrauten Vierteln in eine fremde, von Weißen dominierte Welt geschickt wurden, um hauptsächlich von weißen Lehrkräften unterrichtet zu werden, von denen viele uns mit Hass und Verachtung begegneten, schätzten wir uns glücklich, in einem Klassenzimmer mit einer Lehrerin zu sein, die Gerechtigkeit liebte und daran glaubte, dass wir alle zu Spitzenleistungen fähig waren. Bei ihr hatten wir endlich die Möglichkeit zu lernen.

Meine Lieblings-Englischlehrerin, weiß und mittleren Alters, galt als »N*****-Freundin«, weil sie den Rassismus und die weiße Vorherrschaft in der Welt um uns herum ablehnte, weil sie wollte, dass ihr Unterricht ein Ort war, an dem Schwarze genauso leidenschaftlich und eifrig lernen konnten wie Weiße. Ich bedaure, dass ich nicht von Angesicht zu Angesicht mit ihr sprechen und ihre Geschichte darüber hören kann, wie sie zu einer Lehrerin wurde, die bereit war, angesichts der Apartheid, der rassistischen Ignoranz und Brutalität für die Praxis der Freiheit zu unterrichten. Ich erinnere mich an ihre Herzlichkeit, ihren Mut und ihre Entschlossenheit, Dinge zu hinterfragen und uns zu fordern. Ich erinnere mich daran, dass sie sich um Schwarze Schüler:innen kümmerte und unsere Integrität als Person und unsere Daseinsberechtigung bekräftigte. Und was am wichtigsten war: Sie hat uns nicht beschämt.

Wenn im Unterricht Vorurteile vorherrschen, ist Beschämung eine der am häufigsten angewandten Strategien. Beschämung entmenschlicht. In ihrem Aufsatz »Going Beyond the Book«, der in der Ausgabe *All Together Now. Embracing Our Diversity* der Zeitschrift *Voices from the Middle* des National Council of Teachers of English veröffentlicht wurde, teilt Michelle Paige diese wichtige Erkenntnis:

> »Wir als Lehrende sind dazu aufgerufen, uns für unsere Lernenden einzusetzen, sie zu befähigen, zu mündigen Bürger:innen zu werden und ihre Rechte in vollem Umfang wahrzunehmen. Oft erleben wir hautnah, wie sich die strukturelle und gesellschaftliche Ungleichheit auf die Lernenden auswirkt – insbesondere auf People of Color. Eine Möglichkeit, mit ihnen in Beziehung zu treten, besteht darin, sich für sie einzusetzen und ihnen beizubringen, wie sie ebenfalls gegen Ungerechtigkeit kämpfen können.«

Die wichtigste, am meisten befreiende Strategie, die mir meine Lieblingslehrer:innen vermittelten, insbesondere im Fach Englisch, bestand darin, kritisch denken zu lernen: Fragen zu stellen, sich mit dem Urteil zurückzuhalten, solange das Wer, Was, Wann, Wo, Warum und Wie noch nicht geklärt ist. Wenn ich gefragt werde, wie ich zur bekannten Schriftstellerin und Intellektuellen ›bell hooks‹ wurde, spreche ich meistens über die Bedeutung des kritischen Denkens. Ich erkläre, wie es mir geholfen hat, den Rassismus, den Sexismus und den Klassenelitismus außerhalb meines Elternhauses zu überleben, genauso wie es mir geholfen hat, das Versagen derer zu überleben, die mich vor Missbrauch, Verrat und Verlassenheit innerhalb meines patriarchalen Elternhauses hätten schützen müssen. Wenn mich Studierende fragen, was ich mir am meisten von ihnen wünsche, sage ich ihnen, dass es nicht meine Absicht ist, sie zu ›kleinen bell hooks‹ zu machen. Sie müssen nicht so denken wie ich. Vielmehr wünsche ich mir, dass sie lernen, kritisch zu denken, um sich selbst zu verwirklichen und selbstbestimmt zu leben. So wie ich mich voller Lob und Dankbarkeit vor meinen Englischlehrer:innen verneige, weil sie mich zu aktivem Lernen und radikaler Offenheit ermutigt haben, so hoffe ich, dass sich meine Studierenden rückblickend daran erinnern werden, dass ich ihnen beigebracht habe, immer nach dem Wesentlichen zu suchen und ihren Intellekt durch die stetige Auseinandersetzung mit Ideen zu entwickeln.

32

Praktische Weisheit

Einer der größten Vorteile des kritischen Denkens ist die Intensivierung des achtsamen Bewusstseins, das unsere Fähigkeit, ein erfülltes und gutes Leben zu führen, steigert. Wenn wir uns entschließen, kritisch denkende Menschen zu werden, treffen wir bereits eine Entscheidung, die uns in Opposition zu jedem Bildungssystem oder Kulturverständnis stellt, das uns zu passiven Empfänger:innen von Wissen machen will. Als kritisch Denkende sollten wir eigenständig denken und in der Lage sein, für unsere eigenen Belange aktiv zu werden. Diese nachdrückliche Betonung der Selbstverantwortung stellt eine wichtige praktische Weisheit dar.

Das entscheidende Bindeglied zwischen kritischem Denken und praktischer Weisheit ist das Beharren auf der wechselseitigen Abhängigkeit von Theorie und Realität – in Verbindung mit dem Bewusstsein, dass Wissen nicht von Erfahrung getrennt werden kann. Und schließlich ist da das Bewusstsein, dass das, was wir wertschätzen, auch von unserem Erfahrungswissen bestimmt ist, genauso wie die Art, wie wir wissen, was wir wissen, und wie wir das, was wir wissen, anwenden.

Wenn wir eine Welt schaffen, in der Theorie und Praxis miteinander verbunden sind, können wir uns frei mit Ideen auseinandersetzen. Unsere Gedanken sind dann keine abstrakte, bedeutungslose Ressource, die nur für diejenigen von Nutzen ist, die ihr Dasein als Intellektuelle in einem akademischen Umfeld fristen, das weit von den Realitäten des täglichen Lebens entfernt ist. Eine kritische Denkerin zu werden, hat mir in meinem Leben geholfen, die Traumata zu überleben, die ich in unserer patriarchalen, dysfunktionalen Familie erlitten habe. Denn durch mein

Bestreben, alles zu begreifen und zu verstehen, war es mir möglich, vor meinem geistigen Auge ein Gesamtbild entstehen zu lassen, das nicht einfach nur als Reaktion auf Umstände entstand, auf die ich keinen Einfluss hatte. Das Verstehen des größeren Rahmens half mir, die Saat der Achtsamkeit und des Mitgefühls in mir zu kultivieren.

Nur allzu oft geht die Öffentlichkeit davon aus, dass Intellektuelle (die allein schon aufgrund ihrer Berufswahl kritisch denken) leidenschaftslose Menschen sind, die nur vom Verstand bestimmt sind und kein Herz haben. Doch echte Intellektuelle sind die, die stets den Mut aufbringen, die Wahrheit jenseits des Egos oder fester Vorstellungen von der Natur der Dinge zu suchen; sie gehen immer einen Weg des Mitgefühls. Der buddhistische Lehrer Thich Nhat Hanh schreibt: »Mitgefühl ist nicht nur eine Idee oder Vorstellung. Es ist eine geistige Formation, die sich unmittelbar in Handlungen niederschlägt – in Handlungen des Körpers, der Sprache oder des Geistes. Es ist im Verstehen verwurzelt.« Vom spirituellen Standpunkt aus betrachtet, schafft die Praxis des Mitgefühls Empathie für andere, ein Verständnis für die Umstände, die ihre Gedanken und ihr Verhalten beeinflussen und prägen. Aus akademischer Sicht wird durch die ganzheitlichere Betrachtung, sei es bei der Auseinandersetzung mit Ideen oder bei der Kommunikation mit Kolleg:innen und Lernenden, das Bewusstsein geschärft und Verbindung ermöglicht. Echte Verbindung und Resonanz verbessern unsere Fähigkeit zu lehren und zu lernen.

Unsere Freude an Ideen und unsere Bereitschaft, als kritisch Denkende ständig –also lebenslang – weiter zu lernen, zeugen davon, dass Intellektuelle grundsätzlich eine radikale Offenheit an den Tag legen. Und wenn der Geist völlig offen ist, völlig bewusst, werden wir zwangsläufig auch das verstehen, was wir zu verstehen suchen. Denn alle wahren Intellektuellen sind im Grunde ihres Herzens Wahrheitsliebende. Das bedeutet nicht, dass Intellektuelle nicht von dem Willen korrumpiert werden können, mehr Macht und Prestige zu erlangen, als das, was den meisten kritischen Denker:innen ohnehin zugestanden wird. Wenn Wissen dazu benutzt wird, andere zu beherrschen, ist das immer eine Perversion des intellektuellen Strebens. Natürlich gibt es Intellektuelle und/oder Akademiker:innen, die konservativ sind, die die herrschenden Machtverhältnisse gutheißen, aber das bedeutet nicht, dass sie ihre Leidenschaft für Ideen diesen Werten unbedingt immer unterordnen müssen. Vielleicht könnten wir die allgemeine Intellektuellenfeindlichkeit in unserer Gesellschaft ändern, wenn die Menschen sowohl durch ihre eigenen Lernprozesse als auch durch den positiven Kontakt mit Wissenschaftler:innen und Intellektuellen erkennen würden, dass Ideen, Theorien und alle Arten von Wissen uns helfen können, ein erfüllteres Leben zu führen.

Die meisten Lehrenden sind keine Intellektuellen. Auch sind viele von ihnen keine kritisch denkenden Menschen. Doch es bleibt festzuhalten, dass wir weder intellektuell sein noch studiert haben müssen, um uns mit kritischem Denken zu beschäftigen. Alle Menschen beschäftigen sich im täglichen Leben mit dem Denken. Es gibt viele Situationen, mit denen gewöhnliche Menschen konfrontiert sind, die von ihnen verlangen, die Wirklichkeit hinter der bloßen Oberfläche zu erforschen, damit sie die Tiefenstruktur erkennen können. Diese Umstände können dazu führen, dass sie über Fragen nach dem Wer, Was, Wo, Wann, Wie und Warum nachdenken und damit den Weg des kritischen Denkens einschlagen. Wenn wir akzeptieren, dass wir alle die Fähigkeit haben, die Macht des Verstandes zu nutzen und Denken und Handeln zu vernetzen, erkennen wir an, dass kritisches Denken eine zutiefst demokratische Art des Wissens ist. Praktische Weisheit lädt uns ein, unsere Welt und unser Leben kritisch zu untersuchen, und zeigt uns, dass jedes echte Lernen von uns eine ständige Offenheit erfordert, die Bereitschaft, uns auf Neues und Wiederentdecktes einzulassen, damit wir jene Orte radikaler Transparenz erreichen, an denen Wissen uns Macht geben kann. Der Pädagoge Paulo Freire hat immer wieder darauf hingewiesen, dass wir, wenn wir uns dem Wissen auf diese Weise nähern, »eine permanent kritische Haltung« entwickeln. Lernen zu reflektieren, unsere Sicht zu erweitern, damit wir das ganze Bild sehen können, ist ein Grundprinzip der praktischen Weisheit.

Ein weiteres Element der praktischen Weisheit, das mit kritischem, achtsamem und bewusstem Denken einhergeht, ist zweifellos die ständige Erfahrung des Staunens. Die Fähigkeit, sich von Ideen beeindrucken, begeistern und inspirieren zu lassen, ist eine Praxis, die den Horizont radikal erweitert. Wenn wir uns für das Lernen begeistern und von Gedanken und Ideen fasziniert sind, haben wir als Lehrende und Lernende die Möglichkeit, Wissen auf eine Weise zu nutzen, die die Welt, in der wir leben, positiv verändert. Der Enthusiasmus für lebenslanges Lernen wird durch kritisches Denken gefördert. Und damit geht die Erkenntnis einher, dass wir uns immer daran erinnern sollten, dass Ideen nichts Feststehendes und Statisches sind, sondern einem dauernden Wandel unterliegen. Daraus ergibt sich, dass Ideen in der Lage sind, uns in Staunen zu versetzen, unseren Sinn für das Wunderbare zu schärfen und die Macht des Geheimnisvollen zu erkennen.

Zugleich ist es praktische Weisheit, die uns erkennen lässt, welche entscheidende Rolle die Intuition und andere Formen emotionaler Intelligenz spielen, wenn es darum geht, einen fruchtbaren Boden für das ständige Streben nach Wissen zu bereiten. Ein pragmatischer Ansatz für das Lernen besteht darin, Wissen, das aus nüchternen Fakten und Daten gewonnen wird, mit sozialen Fähigkeiten zu verbinden. Indem wir Wissen innerhalb und außerhalb des Unterrichts auf solch eine Weise effektiv nutzen, entwickeln wir eine organische Beziehung zum kritischen Denken und nutzen die Ressourcen, die es uns in jedem Bereich unseres Lebens bietet.

Angela Y. Davis, Beth E. Richie, Erica R. Meiners & Gina Dent

Abolitionismus. Feminismus. Jetzt.

Eine intersektionale Intervention

204 Seiten | 18 €
ISBN 978-3-89771-358-1
eBook | 15.99 €

Für eine Welt ohne Gefängnisse und eine Welt ohne sexistische Gewalt

Im Zuge der *Black Lives Matter*-Bewegung hat die Forderung nach Abrüstung der Polizei und Abschaffung repressiver Strafrechtssysteme, die – insbesondere in den USA, aber auch weltweit – zutiefst sexistisch, rassistisch und klassistisch geprägt sind, enormen Auftrieb erhalten. Denn die Leidtragenden einer Praxis des staatlichen Polizierens und Wegsperrens sind vor allem Schwarze und Frauen of Color. Den Autorinnen ist ein überzeugendes Plädoyer gelungen dafür, dass Feminismus und Abolitionismus ebenso wenig getrennt voneinander zu betrachten sind wie geschlechtsspezifische, staatliche, häusliche Gewalt oder Militarismus, denen auf Dauer nur mit lokaler und globaler Organisierung gerecht begegnet werden kann.

Jule Bönkost

Kritisch weiß sein

Eine Anleitung zum Mitmachen

264 Seiten | 18 €
ISBN 978-3-89771-368-0
eBook | 15.99 €

Wie Weiße rassismuskritisch handeln können und welche ›Werkzeuge‹ dabei helfen

Jule Bönkost – Kulturwissenschaftlerin, Autorin, Dozentin und *weiß* – engagiert sich seit vielen Jahren gegen Rassismus. *Kritisch weiß sein* entstand aus der Überzeugung, dass es sich für Weiße lohnt, sich der eigenen Verstrickung in Rassismus bewusst zu werden und diesem den Kampf anzusagen. Mit dieser theoretisch reflektierten und überaus praktischen Anleitung zum Mitmachen sensibilisiert und ermutigt Jule Bönkost zu rassismuskritischem Handeln. Hierzu gibt sie konkrete Werkzeuge an die Hand und erklärt, wie das eigene Weißsein genutzt werden kann (und sollte), um dem täglich erlebbaren strukturellen Rassismus etwas entgegenzusetzen.

Ein hilfreicher Wegweiser mit zahlreichen erfahrungsbasierten Hinweisen, Beispielen aus der Praxis, Übungen und Fragen zur Selbstreflexion.

Alastair Bonnett

Multiple Rassismen

Für eine globale Perspektive auf ein globales Problem

248 Seiten | 19.80 €
ISBN 978-3-89771-388-8
eBook | 17.99 €

Für einen Paradigmenwechsel in der Rassismusforschung

Alastair Bonnett bestimmt mit seinem bahnbrechenden Buch die Grundlagen der Rassismusforschung neu. Er zeigt: Die westlich zentrierte Forschung ignoriert einen Großteil der Menschheit und lässt antirassistische Stimmen jenseits des Westens im internationalen Diskurs ungehört verhallen. Dementsprechend liefert Bonnett eine dringend notwendige Aktualisierung unseres Rassismusbegriffs. Anhand zahlreicher historischer und aktueller Fallbeispiele verdeutlicht er, wie der moderne Drang nach Kategorisierung, Hierarchisierung und Auslöschung menschlichen Lebens überall auf der Welt zutage tritt – und wie sich betroffene und solidarische Menschen allerorts dagegen zur Wehr setzen. Ein Augenöffner und eindringlicher politischer Appell.

UNRAST Verlag | www.unrast-verlag.de | kontakt@unrast-verlag.de UNRAST